科学が君を「高貴化」する

序文

　いま、君のまわりと世界には解決すべき困難な課題がたくさんあって、大変困っていますよね。この本は、先進的な科学者と思想家そして「高貴」な人物の生きざまを、ヨーロッパ（第1編）と日本（第2編）について歴史的にたどり、明日に向けて困難な課題の解決の方策を学び取ろうとするものです。

　ここでの「高貴」な人物とは、単に身分が高いということではなく、真理を追求して人と社会の幸せを願った人物を指しています。求める真理が科学的で社会正義に基づくならば最高に「高貴」であると言えましょう。

　人類がいま、仮に原始にあるとすれば、わからないことが多く、神々や占いにたよるでしょう。そこでは、人は弱くて小さいものです。しかしながら、人類の先輩たちはわからないことをわかろうとして、5000年にわたって営々として時にはすさまじい努力の積みかさねで賢くそして逞しくなり、君はその人類史の最先端に生きています。この人類の「高貴化」の歴史を振りかってみることで、多くを科学的に学び、自分を「高貴化」することで明るい未来を展望しましょう。

　以下の文章にわからないところがあれば、読みとばしてください。でも、わからないことは、できればスマートフォンやパソコン、電子辞書などで調べることも大切です。なお、筆者の理解不足もあり得ますので、各論の詳細はその道の人に任せるとしました。本書の主旨をご理解ください。

第1編 ヨーロッパから明日の世界へ

はじめに

　人類が文明を手にしてから 5000 年になるといいます。現代は、交通網の発達と情報革命により世界は一つになるとともに、諸科学の進歩にはめざましいものがあります。

　しかしながら、現在はどこまでも拡大する格差社会、地球温暖化災害、そして新型コロナウィルスによるパンデミック災害に加えて、核戦争と AI 戦争の脅威にも直面しています。これらの危機を克服して明るい近未来を渇望するにあたり、これまでの人類の進化の歴史を正しく解明することは、明るい未来予測への有力な外挿（がいそう）となるはずです。

　筆者は、人間を取り巻く自然を正しく理解する自然科学の発展が、人文や社会科学の進化をもたらしてきたと確信しています。それは、よい例が中世の天動説のままではこの後、大した文明は育たなかったであろうと容易に想像されるからです。

　人文や社会科学の進化は、高貴な人物の誕生からその偉大な貢献を生み、その結実としての歴史的な思想潮流と社会変革をもたらしてきたと思います。ここでは、人類史の思想潮流において、真理や正義、愛によって、人と社会の進化に著しく貢献したであろう人物を「高貴」であると評価しました。

　そこで第 1 編では、世界史をリードしてきたヨーロッパの古代・中世・近世・近代・現代にわたっての自然科学の発展と、それが及ぼした人文・社会科学の進化、そして高貴な人物の偉大な貢献の展開を明らかにするものです。

　表 1 は、これらの構成を一覧に示したものです。

表1 先進的な科学者と高貴な人物及びその思想潮流と社会変革

BC	世紀	先進的な自然科学者	主な業績	高貴な人物と貢献	
古代	6	ピタゴラス	三平方の定理	（人文・社会科学者も）	
	5	ギリシャ科学者	実在と変化の模索	ソクラテス	哲学の祖
	4	アリストテレス	科学の祖	プラトン	イデア論
	3	アルキメデス	浮力、てこの原理		
AC	1			イエスキリスト	キリスト教
	2	プトレマイオス	天動説、幾何学	使徒・教父ら	教義の確立
中世	6	ギリシャ科学の翻訳・10cイスラム科学の隆盛		アウグスティヌス	『神の国』
	12	イスラム科学の逆翻訳	（十字軍遠征・交流）	アクィナス	『神学大全』
	14	イスラム科学の衰退		ウィクリフ	英訳聖書
近世	15	コペルニクス	大転回の地動説	ダ・ビンチ	万能の天才
	16	ケプラー	惑星運行の3法則	エラスムス	教会批判
		ガリレオ	重力の発見、地動説	トーマス・モア	ユートピア
	17	ハーベイ	血液の二重循環	ホッブズ	国家契約説
		ニュートン	万有引力、光学	ロック	民主国家
近代	18	リンネ	博物の分類体系	ルソー	人民主権
		ラボアジェ	近代化学の父	カント	批判の哲学
	19	カルノー	可逆熱機関	ヘーゲル	弁証法の大成
		クラウジウス	エントロピー	マルクス	資本論
		ダーウィン	科学的進化論	スペンサー	社会進化論
現代	20	プランク	量子仮説	ノーベル	ノーベル賞
		アインシュタイン	相対性理論	ズットナー	『武器を捨てよ！』
		ノイマン	OSとゲーム理論	ガンディー	非暴力主義
		シャノン	情報理論の父	サルトル	自由と実践
	21	先端科学者	AI・遺伝子・医学・宇宙など		情報化社会

思想潮流	社会変革
（古神話に決別）	古代の技術革新
ギリシャ哲学各派	（航海術・列柱、アーチ建築
	造船・測量術・水道橋など）
（新神話：唯一神への依存）	
キリスト教	
（4世紀）キリスト教の国教化	

（9世紀~）スコラ学	
異端審問	マグナ・カルタ
魔女狩り	黒死病

ルネサンス（神から距離）	
ルターらの宗教改革	中世の技術革新
ベーコンの帰納法	（外洋航海術・印刷術・時計）
デカルトの演繹法	ピューリタン革命
（神に決別）	名誉革命

啓蒙思想	英の産業革命
哲学の隆盛	アメリカ独立革命
実存主義	フランス革命
哲学の衰退	仏・米・独の産業革命
ダーウィニズム	

平和主義	露・日の産業革命
反戦文学	ロシア革命
反植民地主義	
哲学は科学の一部へ	民主化改革
反格差・環境・LGBT	情報革命

第1章
古　代

　古代ギリシャ文明とキリスト教の誕生から国教化の4世紀までを古代としました。古代ギリシャ文明においては自然哲学者、科学者、そして初の哲学者（人文科学者）であったソクラテスとプラトンについて言及します。続いて、キリスト教の誕生と発展に焦点をあてます。

1．自然哲学（原科学）者
　古代ギリシャ人は、おだやかで干満のないエーゲ海・黒海・地中海をまたぐ一大海洋商業圏の形成により、現実主義で開放的な海洋型文化を開花させました。即ち、そこでは海洋技術（造船や航海術）の革新と新階級（商業貴族や知識人）の誕生を見るのです。

　そして、近隣の大陸圏のオリエントの迷信強要と「そむけば祟りが来る」とした、大衆の支配原理（古代神話）と決別して、合理的で比較的自由な思考原理が初めて生まれました。そこには「アルケー：万物の根源」のアイディアの創出にチャレンジした人々がいたのです（BC 6〜4世紀）。

　ちなみに、表音文字（音素または音節を表す文字体系）であるフェニキア文字を改良したギリシャ文字の威力を忘れてはいけません。

それは、従来のオリエントの象形文字や楔形文字を超えた文字革命であって、読み書きがスゴク楽になるという、今日のIT革命に匹敵するものでした。自然哲学の流派は多様で、ミレトス派・ヘラクレイトス・ピタゴラス派・アトム派らが存在したのです。

　ミレトス派は、神を介在させない宇宙創生論に挑みました。タレスのアルケーの第一原理は、生命・治水・海洋から「水」であるとし、アナクシマンドロスは構成元素の土・水・霧・火の相互変化を司るアルケーは「ト・アペイロン：無規定物」としました。

　アナクシメネスは、「空気」の希薄化と濃厚化から土水火の実在は説明できるとしました。例証として、大口の呼気（希薄化）は温かく（ひいては火を生み）、すぼめ口のそれ（濃厚化）は冷たい（ひいては風・雲・水・土・石を生むとする）ということです。まことに微笑ましい珍説を残しています。ちなみに、すぼめ口の息が冷たいのは、口周りの空気を巻き込むからとの最近のTV解説に筆者も納得、無知を恥じた次第です。

　ピタゴラス派の創始者である彼は、輪廻転生する霊魂の浄化（約100年後にブッダも主張）を、永遠の真理である数学と音楽の自然律を研鑽することで達成できるとしました。ピタゴラス（三平方）の定理など貢献は大きいものがありますが、自然律ではない無理数 $\sqrt{2}$ の説明に苦慮したとか。しかしながら、ピタゴラス派の数学的な成果は、ユークリッドの幾何学書『原論』に示されており、19世紀半ばまで利用されました。

　ヘラクレイトスは、実在の第一原理は「火」であると説きました。火は万物流転の変化をもたらすエネルギーであって、変化がないのは正負の力のバランスによるものとしました（後の物理量のつり合いの平衡理論の先駆けとも言えます）。この論理的思考は、科学へ

の貴重な第一歩であったとされています。

　アトム派のエンペドクレスは多元論者で、火・空気・水・土の4元素に相反する力「愛と憎」が作用して万物は存在すると説きました。

　アナクサゴラスは、無限的な「スペルマタ：種子」が「ヌース：知性」によって秩序を形成するとしました。

　デモクリトスは、宇宙は「アトム：原子」とこれが動き回れる「ケノン：空虚で無限」から成り、アトムの集合密度とその変化によって実在と感覚の多様性は説明できるとしました。これは、具体的にパンの摂食は、その構成アトムが体内で変化（消化と同化）して血肉になると説明。即ち、現在で言う「物質保存則」の始原とも言えるものです。彼のアトム仮説論は、ダルトンらの近代的原子論の完成後（19世紀）に再発見されました。

　しかしながら、以上に述べた神を介在させない唯物的な学説は、観念論者だけでなく、アテネ市民の理解を超えるレベルのものであって、加えてペロポネソス戦争による疲弊もあり、次第に歴史から消えていったのです。これらが息を吹き返すのは、16世紀の科学革命を待たねばならなかったのです。

２．古代科学者

　ヒポクラテスは、人の病を治すのは従来の呪術などではなく、症状に合った処置を最善の技術で施術することだと説きました。その主張は、『ヒポクラテス全集』に編纂されて、19世紀まで愛読されてきました。とくに書中の「ヒポクラテスの誓い」は、医学部卒業生の誓いとしていまでも活用されていると言います。彼の「正しく理解すれば、恐怖は消えゆく」という名言は、医学を超えて科学的思考の原点を示すものであり、その主張に快哉を覚えるのは筆者だ

けでしょうか。

アリストテレス　"自然科学の始祖"（BC384〜322年、62才没）

　紀元前384年、トラキアのスタゲイロス（古代ギリシャの植民都市）にて出生。父はマケドニア王の侍医（貴人づきの医者）であったとか。

　彼は幼少にして両親を亡くし、伯父のもとで育ちました。17才の頃、青雲の志を抱いてプラトンの学校アカデメイアに入門し、算術・幾何学・天文学・哲学・対話術などを37才頃まで学究に励み、思考を深め古代で最強の自然と人文の科学者となったのです。その結果、人間の本性は「知を愛する」者と悟るに至り、師プラトンは彼を「学校の精神」とほめました。

　38才の頃、学友の僭主の姪ピュティアスと結婚後、避難地のレスボス島にて解剖するなどして生物学の研究に勤しみました。

　42才の頃、マケドニア王に請われて、首都ペラにミエザの学園を作り、科学や医学・哲学・文学・弁論術などを教え、多くの名士を輩出させたのです。学園には、13才のアレキサンダー王子（後の大王）も学び、個人指導もしたとか。

　アレキサンダー王子が大王に即位した336年の翌年、支援を受けアテネ郊外の神域に学園リュケイオンを開設し、師アリストテレスは弟子たちと逍遥（散歩）しながら学識を伝えたことから、その学派は逍遥（ペリパトス）学派と呼ばれるようになりました。アリストテレスは大王の死（323年）の翌年に追われて、62才の生涯を閉じたのです。

　自然科学的分野に関しては、自然学や天体宇宙論・力学・気象学・動物学など多岐にわたります。これらの多くはイスラム世界に伝わ

り、十字軍遠征もあって12世紀からは西洋に逆移入され（12世紀ルネサンス）、16～17世紀の科学革命の源流となったのです。

業績のうち、動物学の著作は今日でも高評価ですが、天体宇宙論や重力未知の力学は未熟レベルのものであったのはやむを得ず、その克服が近世のコペルニクス・ケプラー・ガリレオ・ニュートンたちの一大難事業になったのです。この原因は、アクィナスらのキリスト教神学者が、教義の権威づけのためにアリストテレスの権威を利用し続けたことによります。

エピクロス　"楽天主義を唱える"（BC341～270、71才没）

ギリシャ後のヘレニズムの混迷の時代、哲学のテーマは、個人主義的な人生論、即ち、いかにして心の平安を得るかでした。

エピクロスは、デモクリトスのアトム論のもとに霊魂も物体とする唯物論者であり、神の罰や死の恐怖を克服して暮らす楽天主義を唱えました。この主張は、快楽主義と言われましたが、俗にいう享楽ではなく、心の平静による魂の救済であって、人々の尊敬を受けたのです。この思想は、庭園学派として近世のロックらの経験主義に継承され、最近のアポトーシス死生観（細胞に内在するプログラム的な死に由来する）に通ずるものがあります。ちなみに、マルクスがイエナ大学にて博士号を取得したテーマは奇しくもエピクロスの「唯物論」を論じたものであったのです。

ユークリッド　"数学を体系化する"（BC330～275年頃、55才）

古代エジプトのアレクサンドリアで活躍したギリシャ人数学者で、それまでの数学を体系化した『原論』（原本とも）は、19世紀半ばまで教科書として使用されてきた名著です。これを、イエズス

会のマテオ.リッチは中国・明の徐光啓との共著にて『幾何原本』を刊行しました（1607年）。アインシュタインも少年期に『原論』を読んで励起（励ましや挫折による上位への変容動機）されたとも。

アルキメデス "テコの原理を発見"（BC287?〜212年、75?才没）

　シチリア島シラクーザ生まれで、当時の学問の中心地アレクサンドリアに学び、シラクーザ王の庇護のもとに研究に勤しみました。

　彼は浮力（アルキメデスの原理）を発見し、黄金の王冠中の銀の混在を証明したと言います。また、テコの原理を発見し、「私に立つ場所を与えるなら、地球をも動かそう」といった話はあまりにも有名です。

　アルキメデスの揚水機は1600年頃に日本に伝わり、佐渡金山の排水ポンプとして使われました。また、円周率が220/70（3.142857……）と223/71（3.140845……）の間にあることを示しました。そして、曲線図形の面積を積分法の概念に近い「取り尽くしの方法」で計算したのです。また、彼は軍事技術にも才能を発揮してローマ軍の攻撃（第二次ポエニ戦争）に3年間耐えましたが、ついに陥落してローマ兵に殺害されたのです。

ガレノス "近代医学の始祖"（129〜199年、70才没）

　現在のトルコ西端部のペルガモンにて、建築家で数学者の家に生まれました。各地で医学を修めた後、皇帝マルクス.アウレリウスの侍医となりました。彼はヒポクラテスの「体液病理説」を宗とし、ギリシャ医学を体系化しました。とくに、実験生理学や治療学にはすぐれていますが、サルを検体とした解剖学には欠陥もあり、血液循環論にも問題はありますが、そうじて近代医学の礎となったので

す。「医師は、自然の召使である」という名言は、ガレノスが実験による実証家であったことを示しています。

プトレマイオス　"古代の天才"（83?～168?年、85?才没）

　クラディオス．プトレマイオスの出自は不明ですが、エジプトのアレクサンドリアで活躍したローマ市民権を持つギリシャ人であったようです。

　主著『アルマゲスト』は、アリストテレスやヒッパルコスなどの天動説にエカント軌道（周転円と離心円で構成）を導入して数学的に体系づけ、実用的な計算法を提案したことで、ヘレニズム時代のアリスタルコスの地動説は否定されました。そして、これはカトリックの宇宙論に取り込まれていったのです。

　また、『アルマゲスト』は数学書の側面もあり、球面幾何学など当時最先端の数学的な内容もありました。著書『ゲオグラフィア』にある地図は、世界で初めて経緯線を採用したものでしたが、インド洋を内海とした誤りもあり、コロンブスはこれを見て東進を避けて西進する利便から、結果アメリカ大陸の発見に至ったとも言われています。

　さらに、著書『光学』には光の反射や屈折、分光色彩について述べられており、とくに空気中から水中に入射する屈折率の表が載っているとか。これは、後年のニュートンの光学研究に引きつがれました。

3．ギリシャ哲学者

　ツキジデスの『戦史』によれば、ペロポネソス戦争（BC431～404年）末期でのアテネは、天然痘や発疹チフスなどのパンデミッ

ク（広域な感染爆発）により、おびただしい死者を出したことでスパルタに敗れ、まさに滅亡の危機にあり古代神話時代の終焉を迎えました。そこで、再生のための切実な倫理論や国家再建論の哲学の要請の機運が高まり、ソクラテス・プラトン・アリストテレスたちが登場したのです。

ソクラテス "哲学の祖"（BC470 ～ 399年、71才没）

　アテネの石工の父と産婆の母もとに生まれ、40才の頃にペロポネソス戦争に従軍したとか。彼はスパルタとの長い抗争の末の敗北のなかにあって、原点に立ち返って己が無知を自覚し、知を愛し求めることで魂の不滅が達成できると主張しました。そのために、真理を哲理（ロゴス）する哲学（フィロソフィー）の構築に身命をかけたのです。

　その手法は、自己の哲理（ロゴス）をソフィスト（詭弁家）らとの問答過程にて確立していく「産婆術」（問答法）と言えるものであり、哲学の祖に相応しいです。残念なことに扇動政治家やソフィストは、ソクラテスをポリスの神を涜し、青年らを惑わす罪人であると偽り訴え、裁判で有罪としました。

　彼は、神話や詭弁を超えた世界の到来をプラトンらに託し、あえて毒をあおって刑死したのです。彼はなにも書き残していませんが、愛弟子であるプラトンの『ソクラテスの弁明』などの対話編から、生涯と思想が推察されるのです。

　プラトンは、師ソクラテスを「フィロソフィア（知を愛する人）」と尊崇し、託された大事業を継承する決意を固めたのです。ちなみに、時を同じくして、古代中国の孔子も仁（人間愛）と礼（倫理）を説き、人の幸せと国の安寧を求めました。

［註］ソフィストとは、アテネの民主制の選挙や議会において相手を説得する詭弁的な弁論術を教授する知恵者のことです。当時は、客観的な対象も主観的な人間も常に変化し相対的であった状況下にあって、対象にじかに触れての知覚のみが認識の唯一の根源であるとして、プロタゴラスは「人間は、万物の尺度である」と唱えました。

プラトン "イデア論の提唱"（BC427～347年、80才没）

　アテネの名家に生まれ、ソクラテスに師事し、偉大な人文科学者となり、生涯独身を貫きました。アテネの民主政治の父であるペリクレスの疫病死後、民主政治の衆愚化を憂えた師ソクラテスが刑死するに及んで、プラトンはフィロソフィア（知を愛する人）として学校アカデメイアを創設しました。校門の入口には「幾何学を解せざる者入るべからず」という看板が掲げられていたそうです。これは、論理的思考力の教育に幾何学は欠かせないとの思いからのものでした。彼は60才頃から、理想国家の建設を願って3度のシラクーザへの政治工作を行ないましたが、どれも不成功に終わりました。

　彼の「イデア」とは、人の魂の理想状態から発露される知恵・善・美・正義を指しています。しかしながら、現実はイデア状態の「影」であり、人は「エロース」（向上心）を動機として、生前のイデア状態を想起し、ソクラテスの問答法を進化させた弁証法によりイデア状態に到達できるとしたのです。この思考の論理は、なんと全ての宗教の教義に共通するものがあります。

　イデア論は、その後は懐疑論や宇宙霊魂論を経て、プロティノスはプラトン主義を発展させた新プラトン主義を提案しました。これが、中世のスコラ哲学やキリスト教神学に取りこまれていったのです。そして、近代感覚のもとに抽象的な対象に関する理論として近

代プラトニズムも生れました。

［註］新プラトン主義とは、プラトンの究極的イデアを「一者：神」とし、これから知性（ヌース）そして抽象魂が流出し、これから世界魂と個別魂へと展開します。さらに、世界魂から大自然の物質世界に個別魂の人間が生きるとし、魂を浄化すれば復流できて「一者」に「合一」することも可能とするプロティノスの学説です。

アリストテレス　"人文科学の始祖"（BC384 ～ 322 年、62 才没）

　アリストテレスは万学の祖と呼ばれていますが、師プラトンの超感覚的な「イデア」論を批判して、物体の存在とその運動を初めて理論化した「質料 - 形相」論を展開しました。即ち、存在物の素材・デザイン・工作法・完成品の流れを普遍化すれば、存在物の全ては、質料因・形相因・作用因・目的因の四原因で説明できるとしました。運動系では作用因は動力因となります。そして、質料を持たない純粋形相として最高の現実性を備えたものを神としたので、後のアクィナスらはこの概念をキリスト教の神の定義に利用したのです。

　人文科学的分野の哲学・形而上学・論理学・倫理学・政治学・文学論などの人文科学の彼の業績は、西洋中世のスコラ学の権威づけに大きな影響を及ぼしただけでなく、その一部は現代思想の源流となっています。なかでも、経験的データをもとに演繹的に新事実を導く分析論は、論理学における「三段論法」として現代でも生きています。

4．キリスト教の誕生

イエスキリスト　"キリスト教の開祖"（BC 4 ?～ AC30? 年、33 才？没）

　生年、没年ともに不確定なことは、イエスの人間性をボカスため

のものでしょうか。イエスはイスラエルのベツレヘムにて、母マリアの処女児として生まれたとありますが、父ヨセフは大工ではなく、洗礼者ヨハネ派の聖職者であったのではないでしょうか。母マリアもヨハネの篤い信奉者であったのではないか。なぜなら、神童イエスのユダヤ教の理解力と批判力が際立っていること、父が聖職者であれば結婚は認められてはいなかったから、イエスをマリアの処女児とする後の教義が成立したのではないでしょうか。

　当時のイスラエルは、旧約聖書の戒律を硬直的に護る教団指導部の堕落に加えて、ローマ帝国の支配を嫌悪する機運も高まっており、庶民は新たな救い主（メシアはギリシャ語ではキリスト）の到来を待ちこがれていました。こうした状況にあって、「神の国」の到来を告げ、入国のための「悔い改め」を熱心に説く洗礼者ヨハネがいました。

　彼は、母マリアの親類で請われてイエスに洗礼を施すのです。洗礼者ヨハネは、ヘロデ王の後妻ヘロディアと連子サロメによって謀殺されましたが、これに市民は激怒。この後イエスは、荒野での断食修行を経て「神の子」として、神の愛と救いの布教活動に邁進し、彼は救い主キリストの到来を待ちこがれていた庶民とくに虐げられた人々や異邦人に歓迎されたのです。

　福音書にある名説教（「山上の垂訓」に筆者も感涙）や数々の奇跡に信者は増えるばかり、これを嫌う教団指導部やローマ帝国は、イエスを騒乱者と見て、とらえて磔刑（はりつけ）にしたのです（その3日後に復活、40日後に昇天したと）。こうして、イエスは、言語と民族の壁を越えて神の愛（アガペー）を語るキリスト教（世界宗教）の開祖となり、愛の倫理や芸術など後世に及ぼした影響は計り知れないものがあります。

十二使徒とパウロ　"伝道者たち"

　イエスの復活に励起された十二使徒は、イエスの「愛と救い」という福音書を作り上げ、それを掲げて伝道に励みました。なかでも、回心者パウロはローマ市民権を活用して、荒廃の帝国内にて出色の伝道に励んだのです。使徒たちの受難の末、ローマ皇帝は社会安寧のために、313年コンスタンティヌス大帝の公認化、392年テオドシウス帝の国教化に至ったのです。この後、教父（教会の指導者）らの数度の公会議によって、「三位（神ヤハウェ・神の子イエス・聖霊）一体」などの教義の純化が進められていきました。

　こうしてキリスト教は、ローマ帝国後のヨーロッパ社会の統治を後世まで担うまでに成長していくのです。一方では、数度の公会議による教義の純化は、裏返せば教団の独善化と独裁化をもたらし、異説を異端とし極刑に処したのです。以降、教団内の異端審問や教団外の魔女狩りが横行し、中世が暗黒時代と言われることになったのです。

第2章

中　世

　5世紀から14世紀まではキリスト教の全盛期で、11世紀からの十字軍遠征は、イスラム世界との交流よってイスラム科学の移入があり、末期には苛酷な異端審問や魔女狩りなどからキリスト教教団への批判勢力が生まれました。

1．イスラム科学の移入

　8世紀、イスラム帝国の膨張によりヨーロッパ文化の摂取が始まります。とくに、7代カリフのマアムーンが創設した知恵の泉館では、組織的にギリシャ科学のアラビア語への翻訳が行なわれました。そのなかから、フワリーズミーは代数学や天文学の名著を残したのです。アリスタルコスの地動説も伝えられ、プトレマイオスのエカント群を批判し、対案を考案したペルシャの天文学者もいました。また、数学・化学・哲学などの分野においても新たな進展を見せた科学者を輩出し、10世紀にはその隆盛期を迎えました。これには、知恵の拡大は神・アッラーの偉大さを知るものとして歓迎された背景があったのです。

　かたや、11世に始まる数次の十字軍遠征やレコンキスタ（領土回復運動）は、イスラム世界の優位性を知ることになって、その文

化はアラビア語からラテン語への翻訳が始まりました（12世紀の
ルネサンス）。なかでも、ガレノス医学を進化させたイブン.スィー
ナの医学書『医学典範』は、18世紀まで教科書として利用されま
した。さらに、代数学と三角法は今日でも有効です。

　14世紀からイスラム科学の衰退期を迎えますが、これは外的な
圧迫（モンゴルの破壊やレコンキスタ）のほかに内的な要因、即ち、
知り過ぎることはアッラーへの信仰心を弱めるとする自制力による
ものでした。

　イスラム科学はギリシャ科学を引き継ぎ、独自に発展させヨー
ロッパに還元した世界史的な貢献は評価されなければならないと思
います。

2．キリスト教教義の確立と批判者の誕生

① キリスト教教義の確立者

アウグスティヌス　"神の国"（354～430年、76才没）

　アウレリウス.アウグスティヌスは、ローマ属領のヌミディアの
タガステ（現在のアルジェリア東北部）に生まれ、篤信の母モニカ
（後に聖人）のもとに育ち、古都カルタゴで学びました。

　18才から15年、女性との同棲生活は私生児をもうけるなど肉欲
三昧に生きたと著書『告白』で述懐しています。これが彼の重い
原罪の原点となったのです。

　彼は28才まではマニ教を信奉、混迷期の後にキケロの哲学や新
プラトン主義を知りました。33才の時、母モニカらの感化により
息子（15才）とともに受洗を受けてキリスト教徒となるのです。
これを見届けて母モニカは天国に旅立ちます。そして、彼は息子ら

と戒則を決めて修道院生活に入りました（アウグスティヌスの戒則
は後世まで存続）。翌年、息子は16才の若さで昇天し、アウグスティ
ヌスの嘆きはいかばかりかと、原罪の十字架の重さにどう耐えたの
でしょうか。癒しの涙の後、37才で司祭、42才で司教に選出され、
教父と称されました。

　彼が難解な「三位一体」を人間の「精神・言葉・愛」に置きかえて、「三
位一体」をわかりやすくしたことは高く評価されました。また、大
著『神の国』において、「地の国」にあっても自分よりも神を愛する「神
の国」に生きるすばらしさを説きました。

　さらに、教会は「地の国」にあっても優位性があり、「地の国」
の権力者（王）は教会に従属すべきとあります。これは中世におい
て、ローマ教会が世俗的な「地の国」を指導し支配する理論づけと
なったのです。興味深いことに、教会さえも世俗的とする彼の思想
は、後に堕落した教会組織を批判する宗教改革に大きな根拠を与え
るものとなりました。

　中世に入ると、教義と教会組織の整備はさらに進んで教皇体制が
確立し、王権との連携も生まれて、キリスト教はヨーロッパの支配
宗教となっていくのです。

［註］マニ教とは、古代ペルシャの拝火教のゾロアスター教にキリス
ト教のグノーシス派（異端派）や仏教を取り入れた宗教のことです。

　参考までにマグナ・カルタを述べておきます。英国王ジョンの王
権乱用を制限するマグナ・カルタ（大憲章、1215年）は、立憲主
義と基本的人権の原点となって、17世紀のイギリスの権利請願や
人身保護律の作成の根拠、そして18世紀のアメリカの連邦憲法に
も活かされています。

アクィナス "神学の大成"（1225〜1274年、49才没）

　トマス．アクィナスはイタリア・シチリア生まれのキリスト教神学者です。修道院育ちの生真面目なトマスは、ナポリ大学を出た後、新進気鋭のドミニコ（托鉢）修道会に入り、パリ大学で神学研究に没頭しました。当時、十字軍遠征による交流もあって、アラブ世界からのギリシャ哲学の移入があり、アクィナスはアリストテレスの哲学に傾倒しました。

　一方では、大衆や聖職者の目にあまる堕落を背景に、キリスト教神学の高貴化と体系化の強い要請がありました。これを受けて、アクィナスは素朴なキリスト教神学にアリストテレスの哲学手法をたくみに取りこむことで、神の哲学的な絶対化に成功しました。それは、アリストテレスは「神」を質料を持たない純粋形相としたことに対し、アクィナスは「神」を純粋な現実態としたものです。そして、大部の教義解説書の『神学大全』を著しました。

　さらに、彼はアリストテレスの哲学手法を援用して、人間界の自然法（人定法の法関係）は、神界の永久法（神定法の法関係）に準じるべきものと主張したのです。この概念は、混迷する資本主義社会にあっても、新トマス主義として現代まで生き続けています。

② 批判者の誕生

ウィクリフ "初の英訳聖書"（1320〜1384年、64才没）

　ジョン．ウィクリフは、イングランドのヨークシャー生まれの正義感の強い求道者でした。人頭税や賦役などに加えて「十分の一税」に苦しむ農民のかたわら、その税で教会や修道院の聖職者らの豪奢な生活ぶりに、彼は憤りを覚えつつ成長したのです。

　神学部で聖書を学び直すと、ローマ・カトリックの教義が聖書ば

なれしていることを知り、公然と教会批判を行ないました。しかも、聖書はラテン語で説教もラテン語、礼拝の文盲の信徒はありがたくぽんやりとステンドグラスをながめているだけ。彼はまた、イングランド国王が英語の聖書を持たないのに、ボヘミア出身のアン王妃がチェコ語の聖書を持っていることに矛盾を覚えたのでした。彼はオックスフォード大学の教授職を辞任した後、ラテン語聖書から英訳聖書を完成させました。英訳は明瞭で美しく力強かったので、当時の英語の教本にもなったそうです。

　彼の思想は、ロラード派とフス派に受けつがれ、後のルターらの宗教改革運動の先駆けとなったのです。しかしながら、残酷なことにローマ教会は1414年のコンスタンツ公会議にて、ウィクリフとフス（ボヘミア人）を異端としてウィクリフの埋葬骨と著書を焼き、フスを焚刑（火あぶり）死にしたのです。1408年には「反ウィクリフ派法」により聖書を英訳して読むことは死罪に相当するとしました。

[註] 十分の一税とは、ヨーロッパにおいて、旧約・新約聖書に根拠を持つ古代税制であり、近世まで存続していたとか。その根拠は、富は神によるものであり、収入の十分の一は神（その代理者は教会）に感謝して戻すべきとするものです。

　この思想は、欧米にて現代まで「什一献金」として生きており、カーネギーやロックフェラーなどの大富豪は気前よく私財を社会還元（寄付）しました。

　最近では、ビル.ゲイツなどの超富豪は、ギビングプレッジ（寄付誓約）のもとに私財を社会還元する動きもあるようです。ちなみに欧米では、寄付金の受け入れ団体が数多く認可されており、言わば寄付社会の側面もあります。

第3章

近 世

　15 ～ 17 世紀を近世としました。この後半には、人間を縛りつけていたキリスト教にかげりが見え始め、その批判勢力はルターの宗教改革をもたらしました。末期には、世界初の民権保障の市民革命であるイギリスのピューリタン革命が起きました。

1. 近世科学者の誕生
コペルニクス　"地動説を提唱"（1473 ～ 1543 年、70 才没）

　ニコラウス.コペルニクスは、ポーランド北部トルンのドイツ系ポーランド人の銅商人の息子として生まれました。彼は母を早くに亡くし、10 才の時には父も亡くし、司祭の叔父に引き取られ司祭になることを期待されて育ちました。

　18 才でクラクフ大学に入学し、教養学（自由七科）を学ぶかたわら、天動説に疑問を持つ教授の天文学にふれたそうです。卒業後は司祭に奉職しますが、研鑽のためにイタリアのボローニャ大学にてカノン法（教会法）を学んだ折、古代ギリシャのアリスタルコスの地動説を知りました。そして著名な天文学者のノバーラ教授にも出会い、その弟子となって観測手法も学ぶのです。5 年後には、バドヴァ大学にて最新の医学を修めた後、再び地元の司祭職に就きま

した。

　35才の頃、コペルニクスは聖職者と医者のかたわら、天体観測も行ない、かねてから疑問に思っていたプトレマイオス天動説の誤謬（誤り）の解明に到達したのです。

　その誤りは、プトレマイオスのエカント説（周転円と離心円で構成）で説明された惑星の逆行運動は、地球を中心とする公転軌道の差による見かけ上のものとして説明できたのです。そして、惑星の運動は地球を中心とする天動説ではなく、太陽を中心とする地動説を採用すれば惑星の逆行運動も簡明に説明できるとしたのです。37才の時には、同人誌『コメンタリオルス』にて太陽中心説（地動説）を公にしました。

　この後、多才なコペルニクスは天体観測と研究を進める一方で、聖堂参事会の要職における金融取引の財産管理業務から、ドイツ騎士団国の悪貨が良貨を駆逐する現象（後のグレシャムの法則）を発見し、国王が貨幣鋳造を監督し品質を保証することを提案しました（43才）。また、彼は行政官としてドイツ騎士団国の侵略対策に苦慮し、抗争の終結には52才までかかりました。ついで、ルターの宗教改革の波が押し寄せましたが、禁教には反対したそうです。

　56才の頃から再び地動説の推敲を開始し、ほぼ完成させました。これを、友人らに止まらず枢機卿や教皇も知ることになったのです。コペルニクスは、教団への長い忖度の後、弟子のレティクスの強い勧めで、ついに69才の時に出版を決断し、主著『天体の回転について』の草稿を完成させました。しかしながら、コペルニクスは脳卒中で倒れ、半身不随となって、仕上がった校正刷りは彼の死の当日に届いたそうです。彼は1543年5月24日、70才の輝かしい生涯を終えたのです。

コペルニクスの地動説は、惑星の運動を従来の円軌道としていたことでその優位性は明確ではありませんでした（本人も自覚していたとも）。地動説の優位性は、ケプラーの第一法則（楕円軌道、1619年）の発見とニュートンの万有引力の法則（プリンキピア、1687年）の発見を以って、完全なものとなったのです。

　コペルニクスの地動説は、千年以上にわたっての天動説をくつがえす画期的なもので、科学史における革命に止まらず、人間の思考的な転回として哲学者カントは、神主体を人間主体に置きかえたことを「コペルニクス的転回」と称したのです。

ブルーノ　"悲運な神学博士"（1548 ～ 1600年、52才没）

　ジョルダーノ.ブルーノは、ナポリ公国にて兵士の息子として生まれ、14才でナポリ大学にて学びました。17才の時、ドミニコ会の修道士となり、24才で司祭に叙階。27才の時には、地元の大先輩のアクィナス研究にて神学博士となりました。

　ブルーノの学究力はすさまじく、その範囲は古今東西の諸学派に及びました。とくに古代科学書でもあるヘルメス文書を参照してコペルニクスの地動説に傾倒し、カトリック教会の天動説は恣意的であるとして、科学的直感から「太陽も地球も宇宙の星の一つであって、宇宙の中心は存在しないこと、宇宙は無限であること」などを強張（現在の「宇宙原理」の先駆け）したことで、カトリック教会は異端審問によりブルーノを火刑処分としました（1600年）。

　遺灰はテヴェレ川に投げ捨てられ、葬儀と埋葬も禁じられた遺族の悲しみはいかばかりだったか。しかしながら、時代が下って科学が進歩しブルーノの主張の正しさが認められると、死後379年後の1979年、カトリック教会は処刑判決を取下げ、ブルーノの名誉が

完全に回復されました。ローマのカンポ・デ・フィオーリ広場では、ここで処刑されたジョルダーノ．ブルーノの立派な立像が市民を温かく見下ろしています。

　彼の揺るぎない真理愛に対して、深い尊敬のもと、立像写真を仰ぎ見て、首を垂れるものです。

ケプラー　"ケプラーの３法則"（1571 〜 1630 年、58 才没）

　ヨハネス．ケプラーはドイツ西南部のシュトウットガルト郊外にて、父は居酒屋、母はヒーラー（心霊療者）の第４子として生まれました。ヨハネスは４才の時に天然痘にかかり、目を痛めるなど後遺症に苦しんだそうです。翌年、父は家計を助けるべく傭兵となり家を出て、ケプラー家は母子家庭となりました。６才の時、母に連れられて 1577 年の大彗星を目撃して感動したことが、彼の天文学への関心を深めました。

　その後、ラテン語学校から神学校へと進み、16 才で聖職者を目指してテュービンゲン大学の神学科の給付生となりました。彼は数学と天文学の恩師メストリン教授より、個人的にコペルニクスの地動説を学び、天文学研究に開眼しました。

　23 才で大学を卒業し、オーストリアのグラーツ大学にて数学と天文学の教職に就きます。２年後には『宇宙の神秘』を出版し、コペルニクスの太陽中心説（地動説）を天文学者として初めて全面的に支持し、ガリレオの賛同も得られました。26 才で結婚しますが、翌年にはグラーツ公のプロテスタントの聖職者・教師追放令により失職。折よく、ケプラーはプラハの大観測家ティコ．ブラーエの助手職を得て、ブラーエの生前 16 年に及ぶ膨大な観測データの整理作業に入りました（1601 年）。数学力にすぐれたケプラーは、ネイ

ピアにより開発された対数計算法を駆使して膨大な観測データから、画期的な楕円軌道の「ケプラーの３法則」を導いたのです。これにより、コペルニクス地動説の弱点が是正されて天動説は完全に消滅したと言ってよいのです。

　その後は、妻と一子を天然痘で亡くした後の再就職や再婚、そして母への魔女裁判弁護と多忙の日々を終えた1630年、ドイツのレーゲンスブルクにて58才の生涯を閉じました。ケプラーの天文学は、この後ガリレオやニュートンに引きつがれて完成されていくのです。

ガリレイ　"先進的な科学者"（1564 〜 1642年、77才没）

　ガリレオ.ガリレイは、中部イタリアのトスカーナ大公国のピサにて、生業は呉服商ではあるが音響学に秀でた父の長男坊として生まれました（兄弟は６人）。ちなみに、ガリレオ.ガリレイと音が重なっているのはガリレイ家（複数形）の第１子（単数形のガリレオ）によるものとか。通称はファーストネームのガリレオが多いのです。ガリレオがにぎやかな音楽一家のなかで、父の音響学の分析手法を学んだことは、後日の彼の研究手法に活かされました。

　17才でガリレオはピサ大学に入学し、宮廷つきの学者からユークリッドの幾何学やアルキメデスの物理学を学び傾倒しますが、21才で学資不足にて退学。翌年、アルキメデスの著作から天秤を改良し、最初の科学論文『小天秤』を発表して評価されました。

　25才でピサ大学の数学教授、28才でパドバ大学の教授となり、数学と天文学を46才まで教授しました。この間、彼は従来の学説に盲目的に従うことなく、外力が働かねば運動は変わらない「慣性の法則」や斜面のころがり実験データに「重力の加速度」を導入することで落下問題の解明に成功したのです。これから、ニュートン

は運動の３法則を大成させました。

　27才の時に父が死去し、家族の扶養や妹の結婚持参金の支払は、長男のガリレオの重荷となりました。35才で、６才下のマリナ.ガンバと結婚し、２女１男をもうけました。篤信のガリレオは、長女のマリア.チェレステ尼との文通にてお互いの信仰心を支えあったそうです。

　45才の頃から自作の望遠鏡を用いた天文観測を開始し、月面のクレータ・木星の衛星・太陽の黒点などの発見を公表するとともに、地動説への確信を深めていったのです。主著『天文対話』では、天動説論・地動説論者・中立論者の３者の対話形式にて地動説をわかりやすく、しかもイタリア語で書いたので好評でした。彼は1642年に亡くなりますが、この年にニュートンは生まれました。

　ガリレオの活躍を快く思わないローマ教会の幹部らは、彼に異端審問の嫌疑をかけ続けて、69才の時に有罪判決を下し、終身刑（直後に軟禁刑）に処したのです。この際、ローマ教会はガリレオに対して「地動説を放棄する」旨の誓約書を読み上げさせました。この後、ガリレオには悲劇が重なります。一切の役職のはく奪・愛する娘マリア.チェレステ尼の死・両眼の失明（望遠鏡の見過ぎによる）・葬儀の禁止などです。

　ガリレオの名誉が回復するのは、死後350年後の1992年です。ローマ教皇パウロ２世はガリレオ裁判の誤りを認め、ガリレオに謝罪しました。ローマ教皇が地動説を公式に認めたのは、なんと2008年のことでした。

　ガリレオは実験結果を積極的に公表し、読者に検証実験を促して自説の正しさを証明するという先進的な科学者でありました。また、彼は敬虔なカトリック信者でありながら、宗教から科学を分離する

ことを主張したことが教団幹部の反発を買い、異端審問の有罪をもたらしました。

ハーベイ "近代医学の祖"（1578～1657年、79才没）

　ウィリアム.ハーベイは、イギリス南東部の港町フォークストンにて豊かな商人の子として生まれました。彼はケンブリッジ大学で学んだ後、イタリアのパドバ大学の解剖学者ファブリキウスに師事して学位を取得。帰国後、ロンドンで開業し業績が認められて、大学などで外科と解剖学の講義と実習を受け持つかたわら、王室の侍医も務めました。

　この間、ハーベイは多くの冷血動物や温血動物の生体解剖を行なって、人体の血液循環に関して、小循環（肺循環）と大循環（全身循環）の二重循環の構成と機能を初めて解明しました（1628年）。

　彼のこの偉大な発見は、カエルなどの冷血動物の解剖結果によるものとされています。冷血動物は、殺した後もしばらくは心臓がゆっくりと脈打つので、心臓の各部の動きをしっかりと観察できたのです。ハーベイの血液の二重循環説は、従来のガレノスの循環説を完全にくつがえす画期的なもので、人類とって1900年にわたるガレノスの間違った血液循環を正した福音となり、近代医学の基盤となりました。

　彼の研究手法は、精密で膨大な解剖データと実験から帰納的に法則性を探求するもので、ベーコンの経験論哲学の先駆的な実践例とみなされ、この後に優秀な後輩らが17世紀の科学革命をもたらしていくのです。ちなみに、ハーベイはベーコンの主治医でもあったのです。

パスカル　"人間は考える葦である"（1623 ～ 1662 年、39 才没）

　ブレーズ . パスカルは、フランス中部のクレルモンにて徴税官の息子として生まれ、虚弱体質だったそうです。恵まれた環境から数学的才能を発揮して、16 才では数学論文を出しました。17 才の時には父の徴税計算を助けるために、歯車計算機の開発に取りかかり、2 年後の 1642 年には成功し、商品名「パスカリーヌ」として 50 台製作されましたが、この間の無理がたたって寿命を縮めたとも言われています。

　23 才の時、トリチェリの大気圧実験に触発されて、その追試を高度を変えて気圧の概念と天候との関連を明らかにしたので、気圧の単位に「ヘクトパスカル」（ヘクトは 100 倍）が使用されています。同時に、閉空間の水や空気に加えられた圧力は、一様に伝わる「パスカルの原理」を発見しました。これは、車のボディプレス機やオイルブレーキの作動原理となっています。

　その後のパスカルは死期を感じたのか、信仰と思索の世界に沈思していきます。まずは、腐敗しきった人間の罪深さの救済からキリスト教の護教書の執筆を始めました。続いて、人間の能力に関して「人間は考える葦であるが、考え愛することは宇宙を支配する」と、悟ったのです。この思想は死後、名著『パンセ』にまとめられ、後世に大きな影響を与えました。

［註］「トリチェリの大気圧実験」とは、水銀を満たしたガラス管を水銀だめに逆さに立てると、水銀柱の高さ 76cm が大気圧の大きさを示しました（1643 年にトリチェリが発見）。

ニュートン　"万有引力の発見"（1642 ～ 1727 年、84 才没）

　アイザック . ニュートンは、イングランド東部リンカーンシャー

州のグランサム市郊外の寒村にて、農園経営の郷士の子として生まれ、未熟児であったそうです。父はニュートンが生まれる前に死去し、3才の時に母は再婚したので彼は祖母に育てられ、両親の愛を知らない粗野な子どもであったとか。後日、母の再婚は彼の養育費のためだったと知り、終生母の面倒を見たということです。

　才能を認められて、12才でグランサムのグラマースクールに入学し、薬剤師宅に下宿。彼はそこの養女ストーリーと仲良くなり、18才で婚約しますが結婚はせず、事実婚であったのではないかというものです。

　グラマースクール時代は、内向的性格で薬草の採取や水車などの工作を嗜んでいました。出戻りの母の希望で退学しますが、亡父の農園経営には身が入らず、復学してケンブリッジ大学のトリニティ・カレッジの受験勉強を始めます。18才で入学を果たしますが、学資不足から給費生（サイザー）の身分にくじけず学業に励むのでした。

　大学の講義はスコラ哲学が中心でしたが、ニュートンは数学や自然哲学分野を好み、参考書にも親しんだようです。彼は幸運なことにルーカス数学講座の初代教授のアイザック．バローに才能を認められて、奨学生（スカラー）となり、翌年には学位を授与されました。

　この間、ニュートンはバロー教授の指導のもとに数学・天文学・光学分野において斬新なアイディアを育んだのです。折しもペストの大流行により大学は閉鎖となり、ニュートンは帰郷して研究に専念し、上記の研究アイディアを完成させたのです。それらは、数学に関しては後の微分積分学、天文学に関しては万有引力、光学に関しては可視光のプリズムによる分光実験（スペクトル）でした。

　24才の時、ペストが収束し、幸運にも教員（フェロー）職に就き研究費を獲得しました。発表の『流率の級数』は、微分積分学を

述べたものでしたが、同時期のドイツのライプニッツも独自に微分積分学を発表しており、その優先権をめぐって25年にわたって法廷闘争を行ないました。

26才の時、恩師のバロー教授の聖職復帰にてルーカス教授職に着任しました。彼の講義は斬新ではあるが難解な面もあり、受講学生からの教育者としての評価は低かったようです。29才で反射望遠鏡を完成させて王立協会に提出し、その会員に推薦されました（60才時には会長着任する）。

ルーカス教授職時代の44才に『自然哲学の数学的諸原理』（略称プリンキピア）を、51才では『光学』の二大名著を刊行しました。ニュートンの悦びはいかばかりかと。

45才頃からの後半生においては、公的には実務職へ転職し、私的には錬金術と聖書研究を行ないました。これは、前者は研究成果の達成感とその優先権をめぐる係争疲れによるものか、後者は理数では解けない未知分野への志向によるものか。

実務職の造幣局長官では、はりきって通貨偽造人の摘発や汚職追放など成果を上げますが、投機ブームに乗って大損したとも言われており気の毒に思います。

錬金術研究では相当はまったようで、遺髪から水銀が検出されたほか、精神疾患をきたしたようです。聖書研究では、「三位一体」説を否定するなどカトリックを激しく攻撃しました。

ニュートンの自然科学における貢献は、以下の分野（1）（2）（3）（4）に関して絶大なものがあります。わかりやすいのは、リンゴが落ちる地上とはるかなる天体も同じ法則（万有引力）によって支配されることを明らかにしたことです。月が落ちないのは、月の公転の外向きの遠心力と、地球との内向きの万有引力が釣り合ってい

るからと説明したことです。

（1）万有引力……著書『プリンキピア』は、ニュートンが以下の科学的な知見を帰納的に総括して得られたものです。

・コペルニクスの太陽を中心とする地動説　・ケプラーの楕円軌道・ギルバートの空間的な磁力　・ガリレオの重力と潮汐力

・ガリレオとデカルトの慣性の法則　・ホイヘンスの遠心力など

（2）力学……『プリンキピア』は、物体の運動に関する3法則（慣性・f＝ｍａ・作用反作用）を記しており、地上場と宇宙場における巨視的な運動現象を解析的に解くことが出来ました（ｆは作用力、ｍは質量、ａは加速度です）。ニュートンのこの運動理論は、人類とって2000年に亘るアリストテレスの蒙を解き放っただけでなく、現代の工業技術の根幹を構築しています。

（3）微分積分学……著書『流率の級数』の微分積分学は、数理現象の関数形に対して数学的解析を可能にしました。上記（2）と（3）は、広範な力学分野の数理的解析を著しく可能にしたので産業革命以来の工業技術の発展に大いなる貢献をしたのです。

（4）光学……著書『光学』では、プリズムによる光のスペクトル分析を詳述し、光の粒子説を唱えました。巻末の疑問項は、後輩の科学者向けの広範囲の問題提起であり、当時『プリンキピア』よりも大きな影響を与えたのです。

２．ルネサンスの時代

　この時代はキリスト教の絶対神から解放されて、個人の万能的な能力の開花・宗教改革・哲学手法の模索、そして国家論の検討へと展開していったのです。

① 万能の天才

ダ.ヴィンチ　"万能の天才"（1452～1519年、67才没）

　レオナルド.ダ.ヴィンチは、イタリア・トスカーナのヴィンチ村にて、公証人の父と貧農の娘の間の私生児として生まれました。5才までは母のもとで育ちますが、母が職人と結婚したので父と伯父に引き取られました。父は再婚を重ね17人の異母兄弟をもうけ、ヴィンチは自然を友とする好奇心の強い子どもとして成長しました。彼は生涯独身を貫きますが、これは幼少期の結婚観が尾を引いたものか。あるいは、自分の能力に見合う女性との出会いがなかったものなのか。それで、気の合う男性（弟子）との交情を優先した同性愛に甘んじたものか。いずれにしても謎の多い生涯ですが、独身であったことが仕事一筋に打ちこめたとも言えます。

　青年ヴィンチの画才は天才的で、師ヴェッキオは絵筆を早々と折ったとも言われています。彼は自分の才能におぼれることなく、ルネサンス期のアルベルティら巨匠の技を学び取り、絵画は科学的であるべきとの信念から、新たな油彩画の超絶技法を開発して、『モナ・リザ』を描きました。

　科学的とは、絵画手法に遠近法・解剖学・光学などを取りこむことを言います。彼の絵画の作品数は15と寡作ですが、それらをX線ラジオグラフィーにかけると、いずれも画像が消えるのです。これがレオナルド作品の超絶技法（薄い多層構造）の特徴であり、筆者はNHKスペシャルの画像で見ることができました（2019・11）。

　彼の活動と研究領域は、解剖・幾何・光学・機械・武器・建築・土木・測量・地図・音楽などとてつもなく広く、万能の天才の呼び名にふさわしいです。とくに感銘を受けたのは、解剖ではわからない心臓の僧帽弁の開閉原理を、幼少時体験の川の流れの渦からの相似則で

解明したことです。彼の新知識とその実践への旺盛なチャレンジ精神は、ともすれば細分化された狭い世界に閉ざされて、常識に安直にこもりがちな現代人への警告であるとともに、大きな励ましとなるものです。全体を理解し総括する使命は、老若男女問わず人類史の先端に生きる者全てが負うべきものだからです。

　ヴィンチが活躍したイタリア・ルネサンス期は、異端審問や魔女狩り、対外戦争など苦しい背景をかかえながらも、人文主義や新プラトン主義にもえ立つ解放感にわきたつ時期でもありました。こうしたなか、万能の天才はヴィンチ以外にも人文主義者のアルベルティがいました。

　彼はヴィンチより半世紀前の生まれですが、法学や古典学・数学・演劇・詩作・彫刻・絵画・音楽とまさに万能の天才であったのです。とくに、絵画は遠近法・構成・物語の三要素が調和した著作の『絵画論』は、ヴィンチに多大なる影響を及ぼしたのです。また、ルネサンス最初の建築理論書である『建築論』中の人体比例がヴィンチの有名な『ウィトルウィウス的人体図』に図示され、しばしば引用されています。

②　人文主義者
エラスムス　"教会の批判者"（1466 ～ 1536 年、69 才没）

　デジデリウス.エラスムスは、オランダのロッテルダムにて高名な司祭の父と医師の娘との私生児として生まれました。

　17 才の時、両親を疫病で亡くし、兄とともに共同生活教団に入り、カトリック改善派の「デヴォツイオ・モデルナ：新しき信心」の教育を受けました。21 才で聖アウグスティヌス修道会の修道院に入り、神学研究に没頭。26 才で司祭、29 才でのパリ大学入学後は、

12才年少のトマス．モアらとの交友を深め、名信心書『エンキリディオン』を著作。

　45才の時に『痴愚神礼賛』は、痴愚の女神モリアーが軽妙洒脱な格言を駆使して教会権威者らをこきおろす逆説的な風刺の読み物でした。これは爆発的なベストセラーとなって教会は発禁処分としましたが、宗教改革の気運を醸成するものとなりました。ちなみに、『痴愚神礼賛』はトマス．モア宅に逗留中に書かれたとか。

　50才の時（1516年）の『校訂版新約聖書』は、西洋で初めてのギリシャ語とラテン語の対訳聖書となり、第二版（1519年）は21年、ルターのドイツ語版聖書の底本となったのです。17才年長のエラスムスは、ルターの聖書主義に共感しますが、教会の分裂には反対でした。彼はルターと論争を重ねましたが、改革派に押されて転居を重ねて、69才の時にスイスのバーゼルで亡くなりました。

トマス．モア　"ヒューマニズムとユートピア"（1478～1535年、57才没）

　イングランド・ロンドンの法律家の父と羊毛商出自の母との間に生まれました。俊才の14才でオックスフォード大学に入学して、ギリシャ語とラテン語を学び、中退後は法学と人文主義を学びヒューマニストとなったのです。

　23才で法廷弁護士、26才で下院議員選出、43才でナイトの爵位、51才で大法官とトントン拍子に出世。37才からイングランド王のヘンリー8世の側近として仕え王の信任も厚かったのですが、王の離婚問題に対して厳格なカトリック信徒の立場から、離婚を認めない教皇を支持したことで大法官を辞任しました。その後、王権が強まって、彼は反逆罪にて斬首刑に処され（57才）、頭はロンドン橋に晒されたのです。これは、イギリス史上最も暗黒なる犯

罪と言われています。彼は処刑400年後の1935年、カトリック教会は殉教者として列聖し、彼の名誉を回復しました。

　26才のモアは、裕福な地主の娘ジェーン（17才）と結婚した際、実は彼は、彼女の妹に恋をしていましたが、妹が先に結婚する姉の気持ちを汲んで姉に求婚したというそうです。なんとも、心やさしい青年時代を物語るエピソードではないでしょうか。ちなみに、ジェーンは4人の子を産んだ後、24才の若さで他界したそうです。

　モアのヒューマニズムは、イタリア人ヒューマニストのフィチーノやピコらの著作に親しみ、エラスムスとの親交もあって培われました。

　折しも、牧羊のために農地を追われた（一次囲い込み）農民の窮状を目の当たりにしたモアは、エラスムスの『痴愚神礼賛』や南米探検家アメリゴ.ヴェスプッチの『新世界』に触発されて『ユートピア』を書き、理想世界の提案を試みたのです。彼はユートピアを原始キリスト教世界に写像したのかもしれません。そこでは私有財産のない、戦争のない、平和で平等な共同社会が描かれており、この著作は、空想的共産主義の原点とも言えなくはないのです。

［註］人文主義とは、ルネサンス期においてギリシア・ローマの古典や聖書原典の研究から神や人間の本質を考察した思想で、ヒューマニズムとも言い、より自由な思考を特徴としました。代表的な人物に、人間を学問の中心に置いたペトラルカ、プラトン全集をラテン語に翻訳したフィチーノ、人間の尊厳を主張したピコ、人間性への深い洞察を行なったモンテニューらがいました。

③ 宗教改革者

ルター "宗教改革者"（1483 〜 1546年、67才没）

　マルティン.ルターは、ドイツ東部のザクセン地方の小村にて、敬虔（けいけん）なクリスチャンの両親の次男坊として生まれました。

　ルターは向上心が強く、教育熱心で厳格な父に応えて勉学に励みました。13才になると家を出て、マクデブルクを経てアイゼナハに遊学。18才で法律家になるべくエアフルト大学に入り、成績優秀でエリートコースに乗るかに見えました。ロースクールに入学した22才、登校途中の草原にて落雷の恐怖に死さえ予感したルターは、「聖アンナ、助けてください。修道士になりますから！」と叫んだという。これが、彼の人生の最初の励起となったのです。

　彼は両親の反対を押し切って大学を離れ、エアフルトの聖アウグスチノ修道会に入りました。生来の生真面目（きまじめ）なルターは、修道生活にて聖書を熟読し教会批判のエラスムスに共感する一方で、聖書を第一とするオッカムのウィリアム・ウィクリフ・フスらの非業（ひごう）の死に涙したのではないか。

　23才、司祭の叙階を受けミサに立ちますが、肉欲の強い彼は神の言葉を口にする恐れにたじろぐのでした。彼は研鑽を積み神学博士の学位をとっても、スコラ学のアプローチでは神をとらえることはできず悶々（もんもん）としていましたが、第二の励起に目覚めました。それは、パウロの「ローマ人への手紙」にある「人が義とされるのは、律法の行ないによるものではなく信仰によるのである」という信仰義認（ぎにん）（塔の体験（とう））であったのです。これによってルターは勇気百倍、当時乱発されていた『贖宥状（しょくゆうじょう）』（免罪符）の廃止に向けての闘いに敢然（かんぜん）と立ち向かうのでした。

　以前から限定的にあった贖宥状が、教皇レオ10世の時には拡大

解釈されて「全ての罪が赦される」として大々的に売りに出された
ことは、ルターの教義論争の提起から一大宗教改革を引き起こす
きっかけとなりました。

　メディチ家出身のレオ10世は豪奢な生活から、アルブレヒト（マ
クデブルク大司教位）はマインツ大司教位の買収費用の工面から、
ともに大財閥フッガー家からの多額の借金があったのです。そこで、
フッガー家は両者に対して『贖宥状』の発行を提案し、サン・ピエ
トロ大聖堂の大改築を名目にして、ドミニコ修道会士の宣伝説教、
フッガー家の会計管理のもとにドイツ国内にて派手に実施され、主
に女性が熱狂的に群がったという（1515年）。当時、ルターやザク
セン選帝侯はこうした状況を知らず、悪い部下の仕業ぐらいにしか
思っていなかったのです。

　1517年10月31日、ルターは「95か条の論題」をヴィッテンブ
ルク城の教会門扉に張り出したとされていますが、本文はラテン語
で書かれており、教義論争を提起する主旨のものでした。これは、
すぐにドイツ語に訳され普及の活版印刷によって国中に広がり、ル
ターはローマ教皇への挑戦者と見なされますが、彼はたじろがず自
説をレオ10世に書面にして送付しました。

　19年のライプツィヒ公開討論では、ルターは異端者フス（1415
年焚刑死）の理解者とみなされ決裂、事態は教義論争から政治闘争
化していくのです。ルターはザクセン選帝侯フリードリヒ3世の
庇護のもとに身を隠しました。20年、ルターは3文書を出しました。
1）『ドイツ貴族に与える書』では、教会の聖職位階制度の否定。
2）『教会のバビロニア捕囚』では、聖書に根拠のない秘跡や慣習
の否定。
3）『キリスト者の自由』では、人間は信仰によってのみ義とされる。

これらは、宗教改革の方向性を決定づける非常に重要な文書となったのです。

　21年、レオ10世はルターに対し破門宣告。その直後、カール5世はルターに追放令を出し、ルターはフリードリヒ3世のヴァルトブルク城にかくまわれました。彼はここで新約聖書のドイツ語訳を完成させたのです。ここに、ドイツ国民のなかに、ドイツ語で聖書を読み、聖書に基づく信仰に生きるという信徒の宗教集団（プロテスタント）が誕生したのです。

　ルターの改革機運は、中世農民の不満に火をつけるきっかけとなって過激化、24〜25年にはドイツ農民戦争が起き、ルターは暴徒の暴走を止める説教をくり返して、教会制度改革の修正に取りくむのです。

　ルターは、聖職者の結婚の推進（自身も41才の時、26才の元修道女と結婚、6人の子をもうけた）や礼拝での讃美歌（コラール）の採用など、様ざまな改革を行ないました。

　ルターがかくもがんばれたのは、聖書第一主義ゆえに異端者として非業の死をとげたオッカムのウィリアム（逃れてミュンヘンにて客死）、ウィクリフ（遺骨の焼却）、フス（生きながらの焚刑死）の怨念（おんねん）をはらし、これらをもたらした暗黒の中世からの脱出に己が命をかけたからでしょう。言うなれば、ルターの宗教改革はキリスト教のルネサンス（人間復興）だったのです。

［註］「95か条の論題」の主旨は、「贖宥状を買えば罪の悔悛（かいしゅん）がなくても全ての罰が赦される」という教義の拡大解釈に疑問を投げかけたものです。

　ルターの宗教改革は、隣国のスイスやフランスでも起きました。スイスでは、ツィングリがルターよりもきびしい改革を進め、ルター

派との協同は「聖餐」問題で決裂。その後、彼はカトリックとの内戦にて戦死してしまいました。ついで、フランス生まれのカルヴァンは、スイスに逃れてきびしい神権政治を断行。主張する「予定説」は、経済活動からの富の蓄財を讃えたので勃興の資本主義を支えるものと理解されて、商工市民の大いなる共感を得ました。フランスでのカルヴァン派は「ユグノー」と呼ばれて、対カトリックとの抗争は長引き、イギリスのピューリタン革命にも大きな影響を及ぼしました。

④ 哲学手法の模索者

　中世末期のルネサンスや宗教改革において、「魔術 vs. 科学」及び「神 vs. 人間」に関して新旧の考えが混迷する状況から、近世哲学を創始した哲学者にフランス.ベーコンとルネ.デカルトがいました。ベーコンはイギリスの経験論哲学（帰納法）の創始者であり、デカルトは大陸の合理主義哲学（演繹法）の創始者と言われています。この二つの哲学は、それぞれの有能な後継者によって豊かな発展をもたらしていくのです。

ベーコン　"4つのイドラ"（1561 ～ 1626 年、65 才没）

　フランス.ベーコンはロンドンにて、大法官（兼庶民院議長）の父と高級貴族の母の間の 6 人兄弟の末っ子として生まれました。

　ベーコンは、敬虔なプロテスタントで才女の母の愛育のもとに、自然豊かな館にて伸びやかに育ちました。12 才で、ケンブリッジ大学トリニティ・カレッジに入学しますが、ここでのスコラ学に飽きたらず 2 年で退学。その理由は「アリストテレス風の哲学は議論優先のもので、実生活に役立つ成果は期待できない」というもので

す。翌年ロンドンのグレイ法曹院に入り直し、在学中のフランス遊学にて政治・宗教・科学に関して見聞を広めますが、18才の時に父が急死。帰国後の21才にて法廷弁護士の資格を取得しますが、法曹界での仕事は思わしくなく、47才まで法収入はなかったそうです。

　法律の勉強のかたわらで執筆活動を進め、44才の時に著書『学問の発達』などで「実験採用の科学研究の重要性」を主張しました。

　ベーコンの政界入りは早く、有力貴族を頼って庶民院議員に選出されました。彼は議員活動に励み成果を上げますが、政敵との抗争に破れ失敗。42才の時、ジェームズ1世が即位するとうまく取り入って、トントン拍子に出世、57才には大法官（貴族院議長）にまで上り詰めて爵位も受けました。その後、ベーコンは王権と議会の争いの犠牲者になって収賄罪にて失脚、ロンドン塔に4日間幽閉されたのです。最期は鶏肉の冷凍保存の実験中、気管支炎にて死去（65才）。

　ベーコンは、豊かな政治活動の経験から「法令の適用」と「法令の改正」はまさしく「演繹」と「帰納」の関係であると認識して、ジェームズ1世らに資料を添えて法改正をくり返し上申したのです。しかしながら、政治の世界の守旧派にはばまれて果たせず、無念の思いで引退後は科学の世界の著作活動に専念したのです。

　59才時の著書『ノヴム・オルガヌム』は、アリストテレスの演繹的な『オルガノン』に対抗した帰納法的な論理学の要点を示したものです。人間には、以下のさけるべき4つのイドラ（偏見とか心の曇り）があり、これらを超えて帰納的に生きるべきとしました。

1.種族のイドラ：未開人固有の偏見、2.洞窟のイドラ：個人的な偏見、3.市場のイドラ：フェイク（嘘）による偏見、4.劇場のイ

ドラ：権威依存による偏見です。

　死後出版の『ニュー・アトランティス』は、架空の島にあるソロモン学院（科学研究機関）があらゆる分野の課題を解決して人々を幸せにするという、ベーコンの夢物語は後の栄えある王立協会の設立（1660 年）につながったのです。

　ベーコンの観察や実験で得られる真理を帰納的に追求する方法は、経験論哲学としてホッブズやロックに引きつがれていくのです。ちなみに、ベーコンの主治医であったハーベイは、彼のアドバイスにより血液の二重循環を発見したとも言われています。ベーコンは人文・社会科学者としての側面があったのです。

デカルト　"我思う、ゆえに我あり"（1596 〜 1650 年、53 才没）

　ルネ．デカルトは、中部フランスにて高級官僚の父と病弱な母の間に生まれました。母はデカルトの生後 13 か月で亡くなり、彼は祖母と乳母に育てられました。彼は 10 才でイエズス会の学院に入学し、スコラ学のカリキュラムの自由七科（教養課程）のうち、算術と幾何学を愛好。学ぶほどに、スコラ学の不完全さに不満を覚えるのでした。学院を卒業後、隣県のポワティエ大学にて法学士の学位を受けました。

　デカルトは 22 才の時、さらなる学問の飛躍を求めて、オランダ独立戦争の前衛部隊に入隊。オランダ軍にはすぐれた自然学者や数学者が起用されていて、デカルトは彼らとの交流で活きた学問を修得したのです。翌年には、三十年戦争に参加するため、ドイツのバイエルン公の軍隊に入隊。休戦中の思索において、学問（数学）問題の解法原理を発見したと言われています（『方法序説』）。

　27 才からの数年間はヴェネツィア・ローマ・パリにて当時の先

端的な思想家や科学者と交流を深めました。32才でオランダに移住し、著述生活に専念します。

　32才の時、著書『世界論』は、地動説と宇宙無限説を説いた内容でしたが、ガリレオ裁判（1633年）を警戒して公刊を断念しました。

　41才の時、著書『方法序説』では、学問問題の解法の原理として、
１）明証的な真実のみ受容（原理、公理のこと）
２）問題はできるだけ単純部分に限定
３）それから複雑問題に拡大
４）全体の整合性の確認

　という四項目を述べています。この手法は、なんと虹の発生の見事な解明に生かされているということです。

　45才の時、著書『省察』はデカルトの評価を高めました。一方では、無神論を広める思想家として非難する神学者も現れました。

　53才でスウェーデン女王のクリスティーナの招きに応じて講義を行ないますが、翌年の２月に風邪をこじらせて肺炎で死去しました。

　デカルトの功績は、あらゆることを疑い、たどり着いた結論「我思う、ゆえに我あり」を第一原理として、『方法序説』で述べた演繹的手法によって哲学体系を構築していくことを提案したことです。デカルトの哲学は、ライプニッツ・スピノザ・カントなどの哲学者に引きつがれて発展していきます。

⑤　国家論者
ホッブズ　"国家契約論"　（1588 ～ 1679年、91才没）
　トマス . ホッブズは、イングランド南部のウィルトシャーにて、国教会牧師の子として生まれました。1588年の４月、スペインの「無

敵艦隊の襲来か！」というニュースにショックを受けた母親の早産にて生まれたとか。なんとも、愛国の母のいじらしさに心打たれる思いです。ちなみに、その後の海戦にてイングランド艦隊は大勝利し、世界の制海権をにぎったのです。

　秀才のホッブズ少年は、14才でオックスフォード大学に入学、卒業して貴族子弟の家庭教師となり、数度の大陸への引率旅行にてベーコン・ガリレオ・デカルトらと交流し、彼らから感化を受けました。

　ホッブズ52才の時、ピューリタン革命に反対の立場からパリに亡命し、1651年に政治哲学書の『リヴァイアサン』を出版。王党派と教会派からは無神論として、議会派からは王権擁護論として批判されました。

　『リヴァイアサン』の主旨は、そもそも人間は皆平等な自然権を有するが、そのままでは敵対関係に走るので、その自然権を国家（王権）に移譲することにより、人間は皆本来の自然権が担保されるというものです。

　ホッブズの国家契約論は、折しもピューリタン革命前後の王権と議会との抗争の混迷の政局から生まれ、言わば妥協案ともみなされますが、従来の王権神授説を否定する画期的な側面もあるのです。また、教会から解放されたホッブズの近代国家論は、この後のロックやルソーの社会契約論を生む先駆けとなり、政治思想史上に果たした役割には大きいものがあります。ホッブズは社会科学者の祖というべきでしょう。

ロック　“社会契約論”（1632 ～ 1704年、72才没）
　ジョン.ロックは、イングランド南部のサマセットにて、ジェントリー（下級貴族が地主化して形成した階層）で法律家の父（ピュー

リタン革命では議会軍の騎兵隊長）の子として生まれました。

　オックスフォード大学では、哲学と医学を学ぶ。少年期からピューリタン革命・王政復古・名誉革命の激動の時代に生き、名誉革命を擁護して立憲君主制の理論を確立しました。

　著書『人間悟性論』では、人間の悟性（知性）形成のプロセスを科学的に体系化したことで、フランス．ベーコン以来のイギリス経験論哲学を発展させました。

　彼の社会科学の体系化の成功は、医学的素養に加えて化学者ボイルとの親交（王立協会に入会）によるところが大きいのです。名著『統治二論』では、先のホッブズの国家契約論を進めて、国民の抵抗権と革命権を担保する社会契約論を主張しました。そして、人民主権を根幹にして、国会の立法権は政府の行政権に優越することや政教分離の原則も説かれ、アメリカ独立革命とフランス革命、ひいては日本国憲法の基本理念となったのです。

　ちなみに、内村鑑三は、1894年（明治27年、日清戦争）の講演「後世への最大遺物」にて、ジョン．ロックがヨーロッパの近代化に果たした偉業を、新進気鋭の日本青年に熱く訴えました。

第4章

近 代

　18、19 世紀を近代としました。18 世紀の末期、ワットの蒸気機関がイギリスの産業革命を牽引。その後追いで、カルノーは熱機関の最高効率を理論的に明らかにしました。クラウジウスはカルノーの理論を受けて、現象の不可逆性（覆水盆に返らず）を数値化できるエントロピーを定義しました。このエントロピーの概念は、現代の情報・生命・宇宙理論の一部を構成しています。

　リンネは植物や動物などの科学的な分類法を定め、ダーウィンは生物の科学的な進化論を提起しました。産業革命は社会の急成長をもたらし、人文・社会科学は迫られて、国家・社会の進化に関する哲学が円熟期を迎えたのです。

1. 近代科学者の誕生

リンネ "分類学の父"（1707 〜 1778 年、71 才没）

　カール.フォン.リンネはスウェーデン南部の田舎町にて、聖職者の父の子として生まれました。少年の頃、近くの内科医から教えられた植物学に興味を持ち、地元のルンド大学に入り、翌年には名門のウプサラ大学に移り、医学を学ぶかたわら植物学の研究を始めました。リンネは、医学の見地から植物の分類の基礎が生殖器であ

る花のおしべ（♂）とめしべ（♀）にあると確信しました。それを艶っぽく書いた論文「植物の婚礼儀式」が認められて、助教授に採用されたのはスウェーデンのお国柄によるものでしょうか。

　当時の動物や植物の分類学名の表記法は、見た目の特徴をこと細かく表記していたので5、6語の長くて系統性のない複雑なものになっていました。

　そこで、リンネは『自然の体系』を著して、スイスの植物学者のボアン兄弟発案の「属」と「種」の「二名法」を、動物にも適用することを学会に正式に認めさせたのです。例えば、ヒトの学名は、属の「ホモ」と種の「サピエンス」とし、二名法では「ホモ・サピエンス」（ヒト・賢い）となります。また、分類の基本単位である種の上位に属・目・綱を設け、これらを階層的に位置づけました（現代はさらに進んで、ドメイン・界・門・綱・目・科・属・種となっています）。

　リンネは、授乳動物を哺乳綱としてヒトもそれに含めたので、高貴な女性でも我が子への授乳を誇りに思うべきとして、乳母の習慣への反対を唱えました。微笑ましいエピソードですね。以上の功績により、リンネは「分類学の父」と称されています。

ラボアジェ　"悲運の大天才"（1743 ～ 1794 年、51 才没）

　アントワーヌ . ラボアジェは、パリにて裕福な弁護士の息子として生まれました。母は 5 才の頃亡くなり、叔母に育てられました。11 ～ 18 才までマザラン学校にて化学・植物学・天文学・数学などを学び、卒業してパリ大学の法学部に入り、20 才にて学士号を取得し、翌年には弁護士になりました。

　ラボアジェは法律を学ぶかたわら、交際の一流学者から自然科学

とくに化学に魅了されていくのです。

　23才の時、科学アカデミーの懸賞論文テーマ「都市の街路に最良な夜間照明法」に応募すると、見事に一等賞を獲得し、ルイ15世より金メダルを授与されました。25才で、母の遺産と父の援助で徴税請負人の株を取得し、実入りのよい仕事に就きました。そのかたわら、科学アカデミー会員に当選するとともに、当時の四大元素説で「水は加熱すると土になることがある」の実証実験（ペリカン実験）を根気よく行ない、四大元素説を否定する結論に到達。その後、燃焼実験をくり返し、燃焼は燃料の酸化反応であること、化学反応の前後では質量が変化しないこと（質量保存の法則）を発見したのです（1774年）。これによって、燃焼は、物質中のフロギストンが分離され（軽く）なって熱や炎になるという中世からのフロギストン説が完全に否定されました（1783年）。

　28才になって、徴税請負人長官の娘マリー＝アンヌ（15才下の13才？）と結婚。子どもはできませんでしたが、妻マリーは、ラボアジェの役立とうと英語・ラテン語・イタリア語のほか、化学やスケッチ画を学び、論文のフランス語への翻訳を行ない、実験装置の精確できれいなスケッチを数多く残しています。

　ラボアジェは化学実験を繰り返して、燃焼を促進する気体を「酸素」、酸素と反応して水を作る気体を「水素」と名づけ、46才の時の著書『化学原論』において、33種類の元素名を提案しました。さらに、動物の呼吸（酸素の取り込み）は生体において一種のおだやかな燃焼が起きていることを実験にて裏づけました。

　1789年のフランス革命が起きると、ラボアジェは王室側に立って税制改革を試みますが、92年には徴税請負人を辞任しました。翌年には徴税請負人の全員逮捕令が出て、ラボアジェは自首しまし

が、妻が徴税請負人長官の娘であることを理由に投獄され、94年5月8日の革命裁判所の死刑判決、その日にコンコルド広場にてギロチンで処刑されました。これには、革命指導者の一人で化学者でもあったマラーの逆恨み（投稿論文がラボアジェによって却下）説もあります。

　ラボアジェは、人類を魔術的な錬金術から解き放ち、現代化学の礎を築いた大天才でした。

カルノー　“熱機関の謎に挑む”（1796〜1832年、36才没）

　サディ．カルノーは、パリにてラザール．カルノー将軍の長男坊として生まれました。父ラザールは、フランス革命に対する反革命包囲軍に勝利し（ワッチニーの戦い、1793年）、無名のナポレオンを将軍まで抜擢した人物であり、政敵ロベスピエールを断頭台に送った共和主義者でもありました。また、機械学や数学などの科学的素養も広く、息子サディによい影響を与えました。なかでも、水車の水力学の造詣は深く、永久機関の不可能性を著書にて論じていたのです。

　カルノーは、幼少の頃から水車に魅了され、水車小屋番に熱心に質問したとか。16才で、父ラザールとガスパール．モンジュが1794年に作ったエコール・ポリテクニク（国立中央職業学校）に入学。卒業後は、軍務につきながらワットの蒸気機関の研究に勤しみました。折しも、フランスは産業革命の前夜で、カルノーは、先行のイギリスの産業革命に及ぼした蒸気機関の威力に目覚めたのです。

　23才で退役し、熱機関の性能の限界を明らかにする法則の発見に没頭していくのです。ついに努力は実って、5年後の28才の時

（1824 年）に『火の動力及びこの動力を発生させるに適した機関についての考察』を自費出版しました。

　その主張は、熱機関の効率は作動物質や構造によらず、作動の高・低の温度のみによること。そして、加熱と冷却の熱伝達が可逆（準静）的であれば最高の効率（可逆熱機関）を生み、可逆サイクル（可逆ヒートポンプ）も可能であるとしたのです（カルノーの定理）。幸運にも、蒸気機関はカルノーの定理に最も近い熱機関だったのです。

　しかしながら、この論文は発表当初は顧みられることはなく、カルノーはコレラにかかり、36 才の若さで生涯を終えました。誠に残念な思いです。

　彼の死後 30 年後から、カルノーの定理が重要視されてきたのは、これが、クラウジウスの熱力学第 2 法則とエントロピーの定義・ボルツマンとマックスウェルの統計力学・ギブズの化学熱力学・シャノンの情報理論の原点とみなされ、そしてエントロピーは生命科学の電子伝達鎖や最新の宇宙論の研究のキーワードとなったからです。

［註］参考までに以下の説明を加えます。

　クラウジウスは、熱と仕事の保存則（熱力学第 1 法則）を定めた後、伝熱量 Q をその温度レベル T で除した換算熱量 Q/T をエントロピー S と定義し、可逆過程では変化はないが、不可逆過程では増加する（熱力学第 2 法則）を定式化し（1865 年）、エントロピー S で以て状態の「乱雑さ」をもたらす伝熱・拡散・膨張などのプロセスの「不可逆性」（元には戻らない性質）を初めて数値化したのです。

　ボルツマンは、分子の統計力学におけるエントロピー S を、$S = k \cdot \ln W$（k はボルツマン定数、$\ln W$ は微視的状態数 W の自然対数）

で定義しました。Ｓは状態の「乱雑さ」を示し、平衡状態にて最大値を取ります。これは、状態数Ｗが多いほど乱雑さが増すことを示すというものです。

　ギブズは、従来の熱力学にギブズの自由エネルギー・化学ポテンシャル・ギブズのエントロピーを導入して、現代の物理化学の基礎を築きました。

　シャノンは、通信の基本問題の解決のために、ボルツマンのＳにヒントを得て、情報事象の生起確率によって定義した情報のエントロピーを定義しました（1948年）。情報の事象が等確率の場合に、情報のエントロピーは最大値を取ります。

　なお、エントロピーＳの三態についてまとめた〔付録１〕と〔付録２〕を見てください。

　電子伝達鎖は生体の呼吸代謝系の最終段階の反応系ですが、そこに介在するギブズの自由エネルギー・プロトン（水素イオン）ポンプ・分子モーター間の輸送関係が熱力学の可逆（準静）過程で説明できると言います。近い将来、生体エンジンが実用化されて欲しいという筆者のかねてからの夢があります。

オーム　"オームの法則とは"（1789 ～ 1854年、65才没）

　ゲオルク.オームは、中部ドイツのエアランゲンにて、錠前屋の父と仕立屋の娘だった母の間に生まれました。

　両親は敬虔なプロテスタントであって、オームが10才の時に母は亡くなりました。父は向学心が強く、独学にて高度の科学的知識を身につけており、オーム兄弟の教育に情熱を燃やしました。

　オームは地元のギムナジウムを卒業し、エアランゲン大学に進学。在学中にスイスで数学教師や家庭教師で学費をかせぎ、22才で復

学しました。この間の学力が評価されて博士号を取得し、数学講師の職を得ますが、安月給のために辞職します。彼は地元の学校にて数学や物理学を教えるかたわら幾何学の入門書を完成させ、この原稿を国王に贈りました。国王はそのできばえに感激し、28才のオームにケルンのギムナジウム（高校）の教職を提供したのです。彼は生来(しょうらい)の器用さからボルタ電池（1800年）の実験装置を作って電気実験に勤しみ、10年後には電圧と電流が正比例の関係があること（オームの法則）を発見しました。

　この発表論文は、高校教師ゆえに全く評価されず、辞職までに至ったのです。失意の6年後に故郷のニュルンベルクの工科学校に奉職。48才の頃からフランスやイギリスで認められて、63才でミュンヘン大学教授に着任。その2年後の65才で亡くなりました。

　オームは、電気回路において抵抗Rを挟む2点間の電位差（電圧）Vは電流Iと比例関係にあるとして、V=RIで表しました（オームの法則）。比例定数のRは電気抵抗（単位は功績からオーム）と呼ばれ、材質・形状・温度によって定まります。オームの法則は、電気回路計算を可能とした大発見です。

　興味深いことに、電気系のポテンシャルである電位差（電圧）の代わりに、水流動系のポテンシャルであるヘッド（水頭）差を、伝熱系のポテンシャルである温度差を採れば、オームの法則がそのまま成立する普遍性があるのです。流動系や伝熱系においては、抵抗を記述しかつ抵抗を減らす研究が最重要となります。ちなみに、筆者は、伝熱系の一分野で工学博士の学位を取得しました。

ダーウィン　"科学的進化論"（1809～1882年、73才没）

　チャールズ.ダーウィンは、イングランド西部のウェールズに接

するシュロップシャーにて、医師の次男坊（6人姉弟の5番目）として生まれました。園芸趣味の父からの影響でしょうか、7才のダーウィンが開花させた鉢植えを大事そうにかかえた、後年の肖像画からは想像できないほどの実に愛くるしい肖像画が残っています。ダーウィンは8才の時に母を亡くし、3人の姉に育てられました。その頃までに、昆虫・貝殻・鉱物を収集して分類する博物的な趣味を開花させました。一方では、化学実験にはまる兄を手伝うことで物質の変化に心躍る経験もしたのです。

　ダーウィンは9才から地元の寄宿舎学校に通い、16才にて父の医業をつぐために、遠いエディンバラ大学で医学と地質学を学びます。心やさしい彼は、麻酔なしの外科手術になじめず、18才（1825年）で学位を取らずに退学しました。ちなみに、華岡青洲は1804年に世界初の全身麻酔薬「通仙散」で乳がん手術に成功しました。

　ダーウィンは、在学中に南米探検に参加した黒人の解放奴隷に信服し剝製技術を学んだことは、後日のビーグル号（ダーウィンが乗り組んだ探検船）にて大いに役立ちました。また、先進的な博物クラブ（プリニー協会）に参加して、海洋の無脊椎動物（クラゲなど）の生態や解剖を学び、ラマルクの進化思想に接しました。この頃のチャールズは、医師で博物学者であった祖父エラズマスの先駆的な進化論の著書『ズーノミア』を読み、大いなる励起を受けたのではないでしょうか。

　退学の年、父はダーウィンを牧師にするためにケンブリッジ大学に送りました。ダーウィンはそこでも博物学のヘンズロー教授や地層学のセジウィッグ教授に師事。そして、フンボルトの科学的探検の書物に夢中になり、カナリア諸島への探査ツアーを計画したりもしました。

ダーウィンは22才で大学を卒業すると、恩師ヘンズローの紹介で海軍の測量船ビーグル号に客人として乗りこむチャンスを得ました。ビーグル号は、国家的使命の南米周りの世界一周の探検船でもあり、ダーウィンは船酔いにひどく苦しんだそうです。船中では、艦長と奴隷制度をめぐる衝突があったとも言われ、帰国後は奴隷解放運動を支援しました。

　リオデジャネイロにて艦の正式な博物学者が下船、ダーウィンがその任を引きつぐことになりました。ガラパゴス諸島への途中、パタゴニア南端沖のフェゴ島に寄港し、ここで彼は、原始生活の現地のフェゴ島民と宣教師として連れ戻ってきた元島民の若い男女とのあまりにも大きな違いにショックを受けました。流刑地のガラパゴス諸島到達の直前に、ダーウィンは病に倒れ一月ほど療養したとか。ガラパゴス諸島の総督からゾウガメやフィンチ鳥の変種が島ごとに生息していることを知らされますが、当時のダーウィンは種の進化や分化に気づいていなくて、存在の多様性を博物学的に記録しました。ちなみに、持ち帰ったゾウガメの「ハリエット」クンは、なんと175才の2006年まで生き続けたと言います（万年には及びませんが）。

　5年にも及ぶ航海の調査結果から、ダーウィンは環境への適応からか「種」に微妙な変化があることや、すでに存在しない動物の化石などの発見から、進化学への科学的なアプローチを得たのです。彼はまず、収集した標本コレクション（化石・植物・剥製も含む動物や小鳥など）の整理を行なった後、学術的な整理をその道の専門家に委ねることから始めました。そして、採取した生物標本と調査した地質・化石からの知見を学会発表し、議論により誤りを正しました。彼はなんと、自説の偏りを防ぐためにプロの専門家だけでな

くアマチュアの農民・育種家・入植者・乗船仲間などにも広く意見を求めたのです。こうしてダーウィンは苦慮の末、地質学の斉一説（せいいつ）を生物学の種の変化へ適用するなど、いまある種は一つの進化樹からの分岐形態であるのではないかという考えに到達したのです。

［註］斉一説とは、過去の地質現象は突然の天変地異ではなくて、現在の地質現象と同じ自然法則のもとで進行したとする近代地質学の基礎となった学説。

　ダーウィンは30才の時、いとこのエマ. ウェッジウッド（9か月年上）と結婚しました。母の実家のウェッジウッド家は有名な製陶業者で、エマは叔父の娘さんにあたります。ダーウィンは結婚前に、動物の繁殖ノートに結婚についてメモを残しています。結婚の利点は「永遠の伴侶、老後の友人……いずれにせよ犬よりまし」と（彼は大の犬好き）。欠点は「本のためのお金が減る、恐ろしいほどの時間の無駄（むだ）」と。ところが、結婚後は仲睦（なかむつ）まじく、１０人の子どもをもうけ妻子を溺愛（できあい）し、エマへの最期の言葉は「お前がずっとよい妻だったと覚えていなさい」だったと言います。

　29才のダーウィンは、マルサスの著書『人口論』を読んで、マルサスは等比数列的に増加する人口増加の弊害（へいがい）を道徳的抑制により抑えると説きますが、ダーウィンは人を含めた動植物の変異の好ましくないものは、生存競争により消え去るという自然選択の抑制が作用するという見解に到達したのです。彼はこの見解の実証のために、畜産学や植物の育種学の調査と研究そして、フジツボの解剖研究に病魔と闘いながら10数年を費やしました。

　メンデルの法則（1865年初出、1900年再発見）がない時代、ダーウィンはジェミール粒子が獲得形質の遺伝を連続的に司る（つかさど）というパンゲン説を主張しました。彼は、獲得形質の変異の生起条件に関し

ては明確に説明していなかったのです。この課題は、ド.フリース（オランダ人）が遺伝子の不連続的な変化を突然変異としたことで説明できました（1882年）。ダーウィンは、オスとメスの形態の違いを両者の性的な利害関係による進化とする性選択説で説明しました。

　47才のダーウィンは、種の卵と精子が海を越えて広がるかどうかの研究中でしたが、ウォレスの種の始まりに関する論文を読んだ友人のライエルは、ダーウィンの優先権確保のために発表を急ぐように促しました。折しもダーウィンは幼子を亡くし失意のなか、友人のライエルとフッカーは、ダーウィンの44年のエッセーからの抜粋を第1部、57年の植物学者グレイへの書簡を第2部とし、ウォレスの論文を第3部とした3部構成の共同論文を58年のロンドン・リンネ学会にて代読しました。ダーウィンは、44年の抜粋が評価されて優先権を確保できたのです。

　1859年11月22日、ダーウィンは『種の起源』を出版しました。これは、ビーグル号の観察体験から始まる生物種の変異・適応・生存競争・自然選択・適者生存などを体系的にまとめて、生物の進化について概説したものです。出版直後は、近しい研究者からも共感は得られませんでしたが、友人のフッカーやハクスリーなどの努力により支持者は世界的（アメリカのグレイやドイツのヘッケルなど）に増えて、この学説は次第に認知され社会的な影響力を拡大していきました。『種の起源』を読んだウォレスは、「完璧な仕事で、自分は遠く及ばない」とか。

　1864年、ダーウィンのコプリー・メダル賞（王立協会賞）の受賞の11月3日、ハクスリーは科学の純粋さと自由、宗教的ドグマ（教義）からの解放を目指すXクラブを開きました。77年には、母校のケンブリッジ大学はダーウィン（68才）に名誉博士号を贈りま

した。

　ダーウィンはウォレスの手柄の横取りを心配しましたが、ウォレスはいさぎよくダーウィンの優位を認め、2人の友情は生涯続きました。ダーウィンは、老後の生活に困窮（こんきゅう）するウォレスを助けるために、政府に年金下付を要望したとの逸話も残っています。

　62才のダーウィンは病魔と闘いつつ、著書『人の由来と性に関連した選択』にて、ヒトと動物との精神的・肉体的な連続性を豊富な絵図で示し、ヒトは動物であると論じました。翌年の著書『人と動物の感情の表現』では、ヒトの心理の進化と動物行動との連続性を、当時は貴重な写真を採用して論じたのです。両書とも大衆向けの人気本となり、ダーウィンはその売れ行きに大いに感動しました。ほかには、フジツボの分類・サンゴ礁の形成（山の沈降説）・ハトの品種改良・ミミズの土壌改良などの研究があり、生物学的な貢献は大きいとされています。また、花とその蜜をついばむ蛾（が）が、一対となってともに「長い特徴」の進化を説明する「共進化説」や、ヒトと近縁の類人猿がアフリカにしか生息していないことから、ヒトはアフリカ誕生説を唱えました。これらは、ともに彼の死後正しかったことが明らかになりました。さらに71才時には、息子フランシスとともに植物ホルモン（オーキシン）の発見につながる植物の運動機能の実験も行いました。

　ダーウィンの進化思想は、進化は進歩と違うもので、飛躍的な進化はないこと。ヒトの人種間の生物的な差異は非常に小さいので、人種をランクづけしたり差別や虐待することに反対しました。また、ヒトの共感・同情・道徳心も自然選択により形成されたもので教育を重要視しました。そして「人の死は自然現象の一つである」とし、これは現代のアポトーシス死生観の先駆けとなったのです。

ダーウィンの進化論は、突然変異・メンデルの法則・統計学・分子生物学（中立説）などの周辺科学の成果を取り込むことで修正・補強されて発展してきたのです。

［註］アポトーシスとは、プログラムされた細胞死のことでオタマジャクシの尾の消滅など例は多い。死に関しても、寿命遺伝子の存在が明らかになっています。

２．近代の思想家たち

ルソー　"人民主権論"（1712 ～ 1778 年、66 才没）

　ジャン.ジャック.ルソーは、スイス・ジュネーブ（パリでのプロテスタント弾圧からの亡命先）にて時計職人の息子として生まれました。生後９日で母を亡くして、10 才で読書好きの父は事件を起こし出奔してしまいます。ルソーは孤児となり、徒弟奉公に出ますが、ひどいいじめにあい、非行と不良の放浪中も父からの読書好きは変わらず。

　15 才の時、縁あって美貌の男爵夫人ヴァランス（29 才）に出会い、彼女に一目ぼれ。イケメンのルソーは彼女に気に入られ、その意向を受けてトリノでカトリックに改宗しました。しかしながら、生来の不良癖は直らず放浪中、篤実な司祭補から正しく生きる勇気の熱い諭を受け、彼は改悛に目覚めたのです。この思いは、後の『エミール』につづられているとか。１年後に、夫人のもとに戻り再会の喜びのハグ、まるで母子のようです。

　この後、夫人はルソーを残して出奔してしまいます。彼は夫人を追って再び放浪。汚いパリとは別世界の農村の貧しいながらも素朴なさまに陶酔し、「重税が善良な農民を蝕む」とする信条の虜となります。

3年後の19才の時、夫人との再々会後は、支援を受けてともに音楽をたしなむ愛人関係となりますが、ルソーは近親相姦（きんしんそうかん）の思いだったようです。そんななか、夫人事業の大事故にあい死線を越えての決意から、夫人蔵書での勉学、研鑽（けんさん）に全集中の幸せにひたりました。とくに、啓蒙主義の哲学と科学にはまり、ロックの『人間悟性論』を愛読したとか。そのうちに、夫人に新愛人ができて、ルソーは家を出てリヨンからパリに向かいました（30才）。

　パリでは、数字音階法を発案しますがお金にならず、以前からの楽譜の写筆で生計を立てたのです。社交はひかえめで、百科全書派のディドロらとの交際は続けました。34才のルソーは、素朴な女中テレーズ（23才）と恋に落ち同棲（晩年の56才に正式に結婚）、41才までに5人の子をもうけますが、彼は養育力がなく孤児院に入れました。このことが後に大きな後悔を生み、また世間のひんしゅくを買うことになります。

　苦境の38才の彼は、雑誌の懸賞論文に応募、一等入賞を果たしました（1750年）。テーマは「学問芸術論」で、主旨は「制度維持の学問と文化の横行が、元来素朴な人間をダメにしている」というものでした。この主張は論壇に衝撃（しょうげき）を与えましたが、同時にファンも獲得しました。

　我が江戸期の安藤昌益も同様な論調を『自然真営道』（1753年）にて張りましたが、ともに封建制の矛盾を告発する熱意からのものでしょう。43才の時（55年）の『人間不平等起源論』では、その起源を、無垢（むく）な人間→生産力の向上→所有の格差→私有財産制度→専制政治→抑圧の蔓延（まんえん）のプロセスを社会科学的に解明し、封建制を告発したのです。この主張は、支配者にとっては嫌悪（けんお）、被支配者にとっては歓迎の二極対立を生む思想となって、34年後の89年から

のフランス革命を支える基本理念の一つとなるのです。

　61年作の『新エロイーズ』は、手紙文形式の恋愛小説で、自然回帰のロマン主義文学の先駆けとして、ベストセラーになったのです。

　翌年の1762年作『社会契約論』では、人間の基本的自由にもとづく全員一致の合意（一般意志）により形成される人民主権の理想的な国家形態を主張しました。これも、フランス革命に大きな影響を与えました。

　日本には、120年後『民約訳解』として中江兆民が紹介し（1882年）、自由民権運動に大きな影響を及ぼしました。また、同年の斬新な教育論の『エミール』では、子どもの成長に見合う、子ども本位の体系的な教育論を展開しました。しかしながら、そのなかの理神論（神は存在するが、世界の出来事には無関係）的な記述にカトリック教会は猛反発、パリの高等法院は焚書処分にし、ルソーに逮捕状を出したのです。

　これ以降、ルソーは各地への亡命生活に追われ、精神を病んでいきます。この間、恩人のヴァランス夫人の訃報に接し、忘恩の情にさいなまれました。

　1770年（58才）、パリに戻れて自伝小説『告白』を書いた後、植物採取・楽譜の筆写・妻テレーズへの介護などの余生の78年の夏、尿毒症にて波瀾万丈の人生の幕を閉じたのです（66才）。

　革命の真っただ中の94年にルソーの名誉が回復されて、遺体は移送されて霊廟パルテオンに埋葬されました。

　ルソーは、公的教育は全く受けず、旺盛な独学によって啓蒙思想家の頂点に立ち、人類の行く手の案内人になったことに感謝し、感涙で以ってこの項を終えます。

カント "批判の哲学"（1724 ～ 1804 年、80 才没）

　イマヌエル．カントは、東プロシアのケーニヒスベルク（現在の
ロシアのカリーニングラード）にて、馬具職人の四男坊として生ま
れました。

　彼はルター派の敬虔主義の両親のもとで育ち、聡明な思慮深い少
年期を過ごしました。早くから哲学に魅せられて 16 才でケーニヒ
スベルク大学に入学、哲学を学ぶかたわら次第に流行のニュートン
やライブニッツの自然科学に心酔し、その研究に挑みました。

　22 才の時、父の死去により退学し、家庭教師で生計を立てなが
らも天文学の研究に勤しみました。9 年後の 31 才で、『天界の一般
的自然史と理論』を出版（1755 年）します。ここで、彼の「太陽
系は星雲から生成され、銀河系は多くの恒星が引力により集まった
円盤状の天体である」との主張は、46 年後のラプラス理論と似て
いたために、19 世紀には「カント・ラプラス理論」と呼ばれました。

　同年、彼は大学に学位論文を提出し、認められて私講師となり哲
学者人生が始まりました。その後は、紆余曲折あって 46 才でケーニ
ヒスベルク大学の論理学・形而上学の正教授に就任します。その後は、
哲学学部長から大学評議員そして大学総長に就任しました（62 才）。

　40 才の時、彼は「なにも知らない下層民を軽蔑していた」が、「ル
ソーがそれを正してくれた。私は人間性を敬うことを学ぶ」と記し
ました。なんとも微笑ましいエピソードであり、彼にハグしたくな
ります。

　この頃より、彼はイギリスの経験論と大陸の合理論に引きつけら
れながら、足りないものを感じていたのです。そこで、自然学の認
識の確実性のために「認識」の「批判」（その中身は本質・手段・限
界）を記述する批判哲学の論考を開始し、その模索研究は十数年に

及びました。

　研究は実を結んで57才の時に『純粋理性批判』を出版します。その中身はこうでしょうか。

　従来は、対象（客観的なもの、その典型は神）は個人の認識以前に存在し、これを個人が先入観（色メガネ）で認識する危険性を伴っていた。これに対して、カントは純粋な感性と悟性からの主観が正しい対象（客観的もの）の認識を成立させると。即ち、客観（神）と主観（人間）の置き換えは言わばコペルニクス的転回と、カントはこう主張したのです。

　64才での『実践理性批判』では、「理性」が人間の道徳性の根幹をなす能力を持つとしました。66才での『判断力批判』では、経験（現象界）と理念（叡智界）の媒介能力としての「判断力」が論考されています。カントは、出版後は著書への理解を求めて論争を続けますが、保守派の新王の迫害により活動を狭められていったのです。それでも、フランス革命のジャコバン独裁を称賛し、1795年の『永遠平和のために』などでは、常備軍の漸次廃止・共和制・国際連合案などを主張しました。

　1804年2月12日、カントは認知症が進行して亡くなりますが、葬儀は二週間にわたって多くの参列者が死を悼みました。

　カントは、生涯を通して中世思想（神優先）からの解放に執念を燃やし、近世哲学のドイツ観念論の起点となり、後にフィヒテ・シェリング・ヘーゲルへと引きつがれていきます。

　カントは、初期の天体研究やリスボン大地震（1755年）の考察から、科学が人間の知性を育む基礎力であると宣言した最初の人であったと言えます。

ヘーゲル "弁証法の大成"（1770 ~ 1831 年、61 才没）

　ゲオルク．ヘーゲルは、ドイツ南西部のシュトウットガルトにて、プロテスタント官吏の３人兄弟の長男坊として生まれました。彼の勉学意欲は旺盛で、５才でラテン語学校に入り文学・哲学・新聞などを読みあさったとか。一方では、病弱で天然痘にかかり死にそうになったこともあり、これが彼の洞察力を育てたのかもしれません。そして、13 才で愛する母を亡くします。

　７才からギムナジウムに入り、恩師レフラー先生から豊かな素養と感化を受けますが、15 才の時に先生が亡くなります。母と恩師を失ったヘーゲルの悲しみはいかばかりかと。すごいことに、彼はめげずに学習のレベルを上げ思考力を高めて、研究者としての素質を成長させていくのです。

　ヘーゲルは、ギムナジウムでの主要科目のギリシャ及びローマの古典のなかでギリシャ悲劇に心酔。そこでの苦悩と葛藤にさいなまれる人と人との衝突、種族と種族の対立に関心を寄せ、さけがたい矛盾と闘争を主題とするライフワークを確立したのです。また、彼はツキジデスの『戦史』などの歴史書にも親しみ、歴史の法則性を考察しました。これは、いま生きる現実は歴史の最先端であることの認識によるものでした。

　ヘーゲルは 18 才で、牧師になるべくルター派のテュービンゲン大学に入学し、神学と哲学を学び、教師及び牧師補の資格を取得しましたが、キリスト教への批判から牧師にはなりませんでした。学生生活は、後に著名な哲学者となるシェリングらと博学の交友を楽しみ、あるいは知的な教授令嬢に恋する青春を謳歌するものであったと。

　この時期のヘーゲルは、古代ギリシャのエレア派のクセノファネ

スの「世界は、普遍の全（絶対神）と特殊な個（人間）の調和的な結合である」に満足していました。

　ヘーゲル 19 才の折（1789 年）にフランス革命が勃発し、ルソーに心酔していた彼は革命に熱狂します。その後、革命が粛清の恐怖政治に変質していくのを見て、次第に革命や共和制、ひいては民主主義への疑いを持ち始めます。一方では、キリスト教が社会的な役割を果たすための改革案を考えました。

　23 才で大学を卒業したヘーゲルは、スイス・ベルンの貴族子弟の家庭教師をしながら、政治・宗教・歴史・哲学の研究を継続します。そして、フランス革命の変質・ベルンの寡頭腐敗政治・母国ビュルテンベルクの領邦制度など悩みは尽きず、理想国家の政治的形態を模索し、やがては立憲君主制にたどり着くのです。

　ヘーゲルは、当時の哲学の潮流（スピノザ・カント・フィヒテ・シェリングなど）に触れながらも満足できなかったのは、彼らは皆「静的観念論」の域を出ず、当時の歴史的大転換（封建制からの脱皮）から宙に浮いたものと感じ始めたことによるものでした。彼は、当時の哲学の潮流の「静止的な観念論」にあきたらず、いま生きる歴史的大転換（中世からの脱出）をみすえる「動的な実践哲学」を構築する情熱に燃えていたのです。

　ヘーゲルは、27 才から 4 年間フランクフルトでの家庭教師、31 才からはイエナ大学の私講師、35 才には助教授に昇進。彼はこの間の政治的研究を『ドイツ国制論』にまとめました。

　求める国家像は、政治的な領域では強力な権力の集中を、社会的な領域では権力の抑制と市民的自由が保障されるものでした。しかしながら、現実は 1806 年（36 才）には、母国・ビュルテンベルクはナポレオンのライン同盟に組みこまれます。ヘーゲルは、イエナ

に進駐するナポレオンを「世界精神」と賛美。一方、哲学の領域では、シェリングは普遍的な「絶対精神」を静止的にとらえおり、そのうちには諸矛盾がありとしました。これに対してヘーゲルは、普遍的な「絶対精神」をダイナミックに変動するものとしてとらえて、シェリングと決別していくのです。主著『精神現象学』では、現象する知が弁証法的に自己の真実を発見し、普遍性を高めついには絶対知に到達すると主張しました。

1806 年、ナポレオン軍侵攻によりプロイセン王国は降伏し、イエナ大学は閉鎖となります。ヘーゲルは新聞社の編集者を経て、ニュルンベルクのギムナジウム校長に就任し、新カリキュラムとして哲学と論理学を新設。青少年への総合的な指導書は後年（47 才時）の著書『エンチクロペディー』に結実しました。

11 年、41 才のヘーゲルは都市貴族の娘マリー（20 才）と困難の末に結婚し、2 人の息子をもうけました。そして、46 才でハイデルベルク大学の正教授に就任します。

プロシアはヘーゲルが提案した一大改革を推進し、ワーテルローの戦い（15 年）に勝利すると、大国に復帰しドイツ連邦の雄となりました。プロシア改革を提案したヘーゲルは、47 才でベルリン大学の正教授に就任します。彼の法哲学・倫理学・政治思想をまとめた『法の哲学』を出版し、ヘーゲル学派は学内外に勢力を伸ばしていきます。

ヘーゲルは、1831 年 11 月 14 日、前日からのコレラ発症に急逝、61 才の生涯を閉じました。

ヘーゲルの死後は、ヘーゲル右派はキリスト教との融和を目指し、中央派は自由主義的傾向を持ち、左派は矛盾を政治的改革によって解決しようとするマルクスやエンゲルスの史的唯物論の源流となっ

たのです。

　ヘーゲルは、カントの主観的観念論と区別して絶対的観念論を主張したことでドイツ観念論の大成者と称されています。そして、古代ギリシャからの弁証法を大成させた功績は計り知れないものがあります。それは、正・反・合の反の矛盾こそが止揚（しょう）を経て合を生み出す原動力とするもので、思考と存在の発展理論として法則化しました。これまでのスタティック（静的）な世界観は、ヘーゲル弁証法によってダイナミック（動的）な世界観に進化したのです。これを、マルクスとエンゲルスは社会変革に適用して、史的唯物論を完成させたのです。

マルクス　"資本論"（1818～1883年、65才没）

　カール．マルクスはドイツ西部のモーゼル川沿いの古都トーリアにて、法廷弁護士を父として生まれました。先進地トーリアは、フランス革命後のナポレオンのライン同盟下にあったこともあり、啓蒙と自由主義の風土がありました。祖父と伯父は教養深いユダヤ教のラビ（聖職者）、父はボルテールやディドロに傾倒の自由主義者で、マルクスが6才の時にプロテスタントに改宗しています。母はオランダ生まれの良妻賢母のユダヤ人で、マルクスにはユダヤ人出自のトラウマはなく、母の深い愛に甘えてヤンチャ気味にノビノビと育ちました。そして、ハイネの詩に陶酔する文学少年でもあったのです。ギムナジウムの卒業文集では、「境遇が人間の思想を造る」と書いたと言います。

　19才でボン大学に入学し、法学・歴史学・文学などを学びます。早いことに、姉の友人イェニー（4才年上）と婚約しますが、借金トラブルなどを父にとがめられてベルリン大学に入り直し、法学・

ヘーゲル哲学・歴史学の修得に専念します。彼はヘーゲル左派のクラブにて、最も左翼的な活動を始めました。イェニーとは遠距離恋愛になりましたが、クリスマスには愛の詩集を贈るなどして、愛を育んだのです。歴史学にて、カールは古代ギリシャの唯物論に魅力を感じて、論文『デモクリトス（原子論）の自然哲学とエピクロス（唯物論）の自然哲学の差異』をイエナ大学に提出し、博士号を取得しました（23才）。

運悪く、大学の保守化が始まって進歩的な学者は大学を追われるはめになりました。マルクスは大学を去って、左翼紙『ライン新聞』のジャーナリスト（編集長）に就任し、エンゲルスと出会い寄稿もありましたが、穏健化もむなしくすぐに廃刊のうき目にあいます。彼はこれを好機と見て、時事問題の背景を鋭く洞察するために学識を深めたのです。この時期、マルクスは、キリスト教とプロシア国家を擁護するヘーゲルを批判するフォイエルバッハの「歴史の推進力は物質条件の総和である」に共感していました。

運良く、『独仏年誌』の共同編集者への就職が決まり安定した収入が約束されたので、1843年マルクスはイェニーとの結婚を決意します（25才）。彼女は兄の強い反対を退けてマルクスの情熱に人生をかけたのです。その5か月後、『独仏年誌』の発行地のパリに移住します。

マルクスは、産業革命期のフランス労働者の惨状を目の当たりにしてシュタインの社会・共産主義思想に理解を示しました。さらに、エンゲルス寄稿の『国民経済学批判大綱』に強い感銘を受けました。これは、彼が見たイギリスのひどすぎる惨状（20時間を超える児童労働など）から私有財産制度を批判したものです。そこから、マルクスは経済学・社会主義・フランス革命の文献を読みあさったの

です。そして、ヘーゲル弁証法の欠陥、即ち、一切の本質を生身の人間ではなく、神秘的な精神に置いた誤りを正す新しい弁証法の確立を決意しました。

　後日、完成される唯物弁証法とは、生産力（歴史的に増強）と生産関係（生産力の階級支配）の矛盾が止揚されて歴史が作られてきたとするものでした。そして、資本主義の生産関係においては、労働者は手にする賃金以上の価値（剰余価値）を生み出しており、剰余価値をむさぼる資本家との階級闘争は必然となり、暴力による弾圧には暴力革命もやむを得ないと。こうして、マルクスはエンゲルスととも共産主義への確信を強めていったのです。

　一方では、プロシア政府（妻イェニーの兄は高官）の迫害はフランスからベルギー政府まで及び、マルクスは北米移住を理由にプロシア国籍をはなれ、死ぬまで無国籍者となりました。

　1847年、マルクスはエンゲルスらとともに国際秘密結社「共産主義者同盟」を結成し、翌年にその綱領『共産党宣言』を発表しました（30才）。そこでは、「共産主義の到来は歴史的な必然であり、……万国の労働者は団結せよ」とあります。

　48年2月、前年からの恐慌によるパリ暴動は共和制政府を樹立し（2月革命、小説『レ・ミゼラブル』の舞台）、ブルジョア革命の気運は全ヨーロッパに及びました（ドイツでは3月革命）。

　マルクスはブリュッセル労働者への扇動罪にて逮捕され、釈放後、一家はパリに向かいます。その後マルクス一家はケルンに移住し、ドイツ革命への工作活動に『新ライン新聞』を発行して奮闘しますが、旧勢力の巻き返しに抗せずパリに戻り、さらなる迫害によりイギリスに逃れることになったのです（49年8月）。

　ロンドンでの生活は、エンゲルスからの援助はあったものの、マ

ルクスの収入が乏しいことから、一家はまさに赤貧洗うがごとしで、3人の子どもを病死させ、葬儀代もなかったということです。子ども好きのマルクスとイェニーの悲しみはいかばかりかと。気丈にも、マルクスは大英博物館の図書館に連日通い続け、研鑽をつみました。これは、革命活動の後退からマルクスは文筆活動に重点を置いたものでしょう。

革命活動の後退とは、新雑誌『新ライン新聞政治経済評論』の廃刊（50年11月）と再建の「共産主義者同盟」の解散（52年11月）があり、ほかにはナポレオン三世の国内独裁と好戦的な対外政策（クリミア戦争・イタリア独立戦争・メキシコ遠征）がありました。かたや、51年秋からの「ニューヨーク・トリビューン」のロンドン通信員としての寄稿は好評で、貴重な収入源であったと言います(61年の南北戦争にて寄稿者は皆、解雇されました)。

59年、マルクスは資本主義の経済システムを批判した『経済学批判』を出版します。これは整理されて66年の『資本論』第1巻に取りこまれています。その主旨は、「労働者は剰余価値を生み、資本家はこれを過剰にむさぼることで労働者との対決を生むだけでなく、不変資本（新式機械、現在ではロボットなど）への資本投下は賃金と雇用を減らして社会矛盾が拡大、ひいては革命を経て搾取のない共産主義社会の到来に至る」でした。資本論の完成には、この頃すでに共産党員になっていた妻イェニーは、貧しさからの静いを超えて、マルクスの悪筆な原稿の清書を行なうなど妻としての協力があったのです。ちなみに、マルクスはダーウィンの進化論を称賛していて、著作の『資本論』を贈り、ダーウィンは読み終えることなく、謝辞の返信を出したという興味深い交流もあったのです。

60年代からヨーロッパの各国においてにおいて労働運動が活発

になり、64年ロンドンにおいて、その国際組織の第一インターナショナルが発足しました。マルクスは、執行部の起草委員として「労働者は政治権力の獲得を第一の義務とし……」を提起、全会一致で可決されました。しかしながらその内部には、フランスの急進的なプルードン主義・イギリスの組合主義・無政府主義で反ユダヤ主義のロシアのバクーニンなどが混在し、リンカーンの奴隷解放政策を除き、その後の普仏戦争（1870年）やパリコミューン（71年）への対応での対立を経て、バクーニンの除名やイギリスの離脱などで弱体化し、76年のアメリカのフィラデルフィア大会にて解散したのです。

　マルクスは、ヘビースモーカー・偏食・過労などにより、55才の時に肝臓肥大の診断を受けて以降、湯治のために各地を巡りますが、8年後に愛妻イェニーを肝臓ガンで亡くします。マルクスの憔悴はひどく、死んだようだと娘のエリノアは述べました。その後も湯治を続けますが65才の1月、長女の死を追うように、3月14日椅子に座ったまま、65才の輝かしい社会科学者と革命家としての生涯を閉じたのです。

　マルクスの世界史に果たした貢献は計り知れないものがあります。それは、産業革命期のフランス労働者の惨状を記者魂から直視して、「剰余価値」への過剰なむさぼり（搾取）と「不変資本」への資本投下が、労働者の賃金の引き下げに止まらず雇用の低下をもたらす資本主義の欠陥を科学的に明らかにしたことです。そして、階級対立が高じて社会革命に至り、搾取のない共産主義社会を目指すことは歴史の法則（唯物史観）であると解明したことでしょうか。しかも、尊敬すべきは、理論にとどまらず常にその実践活動の先頭に立った革命家であったことです。

マルクスの抗議は 21 世紀の世界でも生々しく、「新自由主義経済」のもとに 1 人の所得格差は 1000 万倍（10 兆円 /100 万円）ほどに拡大してしまったのです。加えて、経済優先の社会システムは地球温暖化による気候災害と新コロナウイルスのパンデミック災害をもたらし、社会的弱者はこれらに苦しめられているのです。今後は、大きな社会改革が求められますが、多大な犠牲を生む革命はさけたいものです。

　マルクスの死後、各国の労働政党は成長して 13 年後の 1889 年、第二インターナショナルの結成を果たしました。その後の 1917 年のロシアでは世界初の社会主義政権、19 年のドイツでは社会民主党のワイマール政権、22 年のイギリスでは労働党政権、1936 年のフランスでは社会党と共産党の人民戦線内閣が誕生したのです。

スペンサー　"社会進化論"（1820 ～ 1903 年、83 才没）

　ハーバート . スペンサーは、イングランドのダービーの非国教徒の家庭に生まれました。教師であった父の方針で初等の学校教育は受けず家庭教育を終えて、叔父の経営する寄宿学校で学びました。17 才になって鉄道会社で働きながら独学に励み、著作も行なったのです。23 才の時に「司法の執行だけが国家の唯一の義務」とした『政府の適正領域』を刊行するほどです。28 才で著名な経済誌『エコノミスト』の副編集長に抜擢されました。33 才で伯父の遺産を相続すると副編集長を辞して、在野の研究者として著述に専念しました。

　スペンサーの当初の思想は、33 才時の『社会靜学』に示されています。それは、個人の自由と尊厳を尊重し、国家はそれを保障する義務を負うとする古典的な自由主義（リバタリアンの先駆け）で

あり、国家の帝国主義化や政府機能の拡大に反対しました。次の
著書『第一原理』では、evolution（進化）とともに survival of the
fittest（適者生存）という重要な概念はダーウィンではなく、スペ
ンサーが造語したのです。

　1859 年発表のダーウィンの『種の起源』は科学界に衝撃を与え
たばかりでなく、思想界にも大きな影響を及ぼしました。スペン
サーは、産業革命後の社会進歩への思想界の期待に応えたのです。
多くの進歩的な知識人らは好んで受け入れましたが、なかでもベル
タ．フォン．ズットナーはスペンサーの『第一原理』や『総合哲学』
に励起を受けて、反戦小説『武器を捨てよ！』を書き上げました。

　スペンサーは、社会学の創始者の一人としても著名で、その学説
は社会有機体説と呼ばれています。社会を有機体と見なし、これを
維持・分配・規制の各システムに細分化して、全体としての構造と
機能を分析上のポイントとするものだったのです。

　スペンサーの社会科学者としての著作『教育論』や『社会静学』
などは、明治期の日本での自由民権運動の思想的な理念としてもて
はやされました。

・ダーウィニズムの二つの潮流

　一つの潮流は、産業革命以来の勝ち組の資本家らの根本思想とな
りました。生物種の変異→生存競争→自然選択→適者生存→新種誕
生のダーウィン進化論を、自分らの成功の理論的な根拠としました。
そして、負け組への差別と支配、さらには劣者の消滅の優生学は「断
種法」の制定までにいたりました。きわめつきは、ユダヤ人撲滅の
ナチスによるホロコーストでした。現在では、新自由主義のもとで
「自己責任論」や「自助論」をかざして、勝ち組が負け組を救済す

る責任（社会保障）を後退させています。

　二つ目の潮流は、進化は社会進歩であって欲しいという願望からの根本思想です。これは、産業革命以来の負け組で搾取され抑圧されてきた知的労働者、そして当時の H. スペンサー・ノーベル・ズットナーらから現代の進歩的な思想家らに受け入れられている潮流でもあるのです。

　ダーウィンとそれ以降の進化論は、当時から現代に至るまで「神」に身を置きたい人々にとって認めたくないものとなっています。進化論は、宗教国家は言うに及ばず、先進国アメリカでも２、３の州においては公教育から排除されています。ギャラップ社の調査（2010年）によれば、進化論を信じると答えたアメリカ人は40％、44〜47％の人は１万年前に神が創造したと答えたとか、まったくの驚きです。

第5章
現　代

1．現代科学者の誕生

　主な現代科学者には、相対性理論のアインシュタインと量子論の
プランク・ボーア・ド.ブロイら、そしてコンピュータ時代と情報
革命をもたらしたノイマンとシャノンらがいます。

①　相対性理論
アインシュタイン　"相対性理論"（1879 ～ 1955 年、76 才没）

　アルベルト.アインシュタインは、南ドイツのウルムにてユダヤ
人父母の長男坊として生まれました。父は数学好きで、弟と直流機
器の会社をミュンヘンにて経営していました。

　アインシュタインは内気な子で、父がプレゼントの方位磁石が気
に入り物理的興味を抱きつつ、バイオリンも習いはじめモーツァル
トに熱中したとか。

　彼は地元のカトリック系の小学校を経てギムナジウム（中・高校）
に通いますが、当時の軍国主義の校風になじめず成績もかんばしく
なく中退し、イタリアからスイスへ向いました。父の影響からか数
学に関しては 9 才でピタゴラスの定理を自力で証明し、13 才では
ユークリッド幾何学の『原論』を独習し、論理的思考力を身につけ

たそうです。またこの頃、先輩の医学生からの天文学や物理学の入門書を読みふけり、聖書の奇跡などの記述に疑問を持ち始めたのです。そして、微分積分学も独学で習得しましたが確率は苦手で、後の量子力学の確率論を否定する遠因となったとか。

　16才の時、スイス・アーラウのギムナジウムの生徒であったアインシュタインは、裏山での昼の夢「光速で光を追う自分」を見ました。これが後の相対性理論を生むきっかけになったとも言われています。彼は教員宅に寄留していましたが、そこの娘マリーに恋するロマンチストでもありました。

　17才の1月、兵役拒否からドイツ市民権を放棄し、秋には晴れてチューリッヒ連邦工科大学に入学できました。アインシュタインは好きな物理学に勤しむかたわら、セルビアから来た4才年上のミレーバと恋仲となり、一緒に文献を読む同志となったのです。彼は教師に反抗的で授業の欠席が多く、友人のノートを借りて21才で卒業しても大学に残れず、アルバイトをしながら論文の執筆に取り組みました。恋人のミレーバはアインシュタインの子どもを身ごもり、彼女は国元の両親のもとで娘を出産しました。アインシュタインは、親友グロスマンの父の口利きで首都ベルンのスイス特許庁の3級技官として就職できました（23才）。彼は特許書面を読んで、様々な発明理論や数式を学ぶかたわら物理学の研究に励みました。24才でミレーバと正式に結婚して、翌年には長男ハンスが生まれました。新居の古アパートの壁が歪んでいること（空間の歪み）から、後の一般相対性理論のきっかけになったとも言われています。

　アインシュタインは、26才の1905年に「光量子仮説」「ブラウン運動の理論」「特殊相対性理論」を立て続けに発表しました。「特殊相対性理論」は、アインシュタインがバスの窓から見たベルンの

時計台の針の不動からヒントを得たとか。これらの論文はいずれも無名の特許職員のもので評価は遅れますが、「量子仮説」のプランクの賛同を得たことで次第に物理学会に受け入れられていったのです。ちなみに、論文の完成までには妻ミレーバの数学上の貢献があったとも言われています。

1907年アインシュタインは、質量 m から放出されるエネルギー E は、c を光速として $E = mc^2$ であると発表しました。同時に彼は、生涯最良の名案であるとした一般相対性理論の基礎となる「慣性質量と重力質量は等価である」という等価原理が閃いたのです。

1909年の30才、特許庁を辞してチューリッヒ大学の助教授になり、翌年にはプラハ大学の正教授に就任した1年半後、母校のチューリッヒ連邦工科大学に迎えられました。次男エドウアルト誕生の11年、一般相対性理論の最初の論文「光に対する重力の働きについて」を発表し、これを16年にベルリンにて一般相対性理論として完成させました。各大学での学生の講義の評価はすこぶるよかったとか。13年、プランクらの尽力によりドイツの科学アカデミー会員となり、14年からは名誉市民権のもとにベルリンに単身赴任し、ベルリン大学教授・カイザー研究所所長・物理学会会長に就任しました。

19年、ケンブリッジ天文台のエディントンの皆既日食の観測によって、アインシュタインの重力レンズ効果（太陽の重力場で光が曲げられる）がほぼ証明されました（22年の観測では理論値と一致）。これらのニュースは全世界に伝えられましたが、ユダヤ人排撃のドイツでは、アインシュタインの相対性理論はユダヤ人物理学として批判が強まっていきました。こういった事情から、21年のノーベル物理学賞の授賞理由が相対性理論ではなく、「光電効果の

発見」となったのです。

　1914年8月の第一次世界大戦の勃発にアインシュタインは、平和を壊し科学者を分断する戦争に憤り、戦争反対の宣言にも署名しました。一人暮らしの彼は、食料にもことかき健康を損ね苦しい状況のなかで、はとこのエルザ（2人の娘の母親で未亡人）と出会い愛し合うようになりました。妻ミレーバとの離婚協議は難航。彼女の主張は、夫の次男への冷淡さ時にはDVもあったと。彼はノーベル賞賞金の支払い約束でもって離婚を成立させたのです（19年2月）。

　アインシュタインはシオニズム（ユダヤ国家建設）運動を支援していたので、ドイツ国内での身の危険を感じて21年から世界平和を願って、講演旅行に出かけました。訪問国はアメリカ・イギリス・フランスなど、11月にはエルザ夫人と一緒に日本の7都市に40日余り滞在し講演しました（筆者の福岡市でも講演）。

　33年のヒットラーのナチス政権はユダヤ人科学者を排撃、アインシュタインを国家反逆者として殺害懸賞金つきとしたのです。彼はアメリカへ逃れてプリンストン高等研究所の教授に就任し、76才までの22年間終生勤めあげました。彼はこの間、36年（57才時）に愛妻エルザを亡くし、40年にはアメリカ国籍を取得します。研究では重力と電磁気力を統合する統一場理論など、亡命科学者への援助活動そして世界平和運動への貢献がありました。亡命科学者には、フェルミ（イタリア）・ジラード（ハンガリー）・ボーア（デンマーク）らがいました。彼らはドイツの科学者がウランの核分裂反応に成功したニュース（39年1月）に対抗して、やむなくアメリカにおける原子爆弾開発に協力しました。アインシュタイン署名のルーズベルト大統領宛ての手紙（39年8月）がきっかけとなって、

マンハッタン計画が発足（42年8月）したのです。45年7月には砂漠での核爆発実験に成功し、8月6日・9日の広島・長崎への投下となったのです。

　アインシュタインは広島・長崎のあまりの惨劇にショックを受け、46年原子科学者緊急委員会議長を引き受け、国連総会に世界政府樹立の書簡を送りました。死の7日前である55年4月11日、哲学者バートランド.ラッセルとともに、核兵器や戦争の廃絶と科学技術の平和利用を訴える「ラッセル＝アインシュタイン宣言」に署名しました。これをきっかけに、ビキニ水爆実験（54年）後の57年からの「パグウォッシュ会議」は、「原水爆実験の禁止」を世界に向け発信していきます。湯川秀樹博士（49年に日本人初のノーベル賞受賞）も上記の宣言と会議に参加しました。アインシュタインは滞米中の湯川博士を訪ね、涙ながらに原爆投下を詫びたと言います。これを見て、湯川は「世界平和への使命を自覚した」と記しています。

　当時、権威あるニュートン力学及び新参のマクスウェルらの電磁気学はともに、光を波（その媒質はエーテル）としたことで光速度の相対性という理論的な矛盾に直面していました。そして、古代ギリシャからの「エーテル」の存在は、マイケルソン＝モーリーの1887年の精密実験により疑われたのです。これらをヒントに1905年、アインシュタインは光速度不変の原理のもとに、特殊相対性理論を提案しました。即ち、超高速の等速直線運動（重力は排除）においては、（16才時の昼の夢のように）時間はゆっくりと進み・長さは縮み・質量は増えることで時間・長さ・質量の概念は相対的であるとしたのです。そして、光を波動する粒子としたことで、媒質の「エーテル」の存在を完全に排除できたのです。アインシュタイ

ンの特殊相対性理論以前にも、ローレンツらは時間・空間・質量の概念の相対性を個別的に唱えていましたが、「エーテル」の存在ゆえに光速度の相対性の矛盾を解消できなかったのです。

　アインシュタインは、その後の 1915 ～ 16 年に加速度と重力を取りこんだ一般相対性理論を発表しました。これにより、重力による時空の歪みや光路の屈折を予言しました。太陽の重力による光路の屈折は、1919 年と 22 年の日食観測により証明されました。ちなみに身近な体験ですが、光の屈折は、蛇口から流下する水柱にそっと人差し指をあてると水柱が曲がることからもスンナリと納得できます。

　特殊・一般相対性理論などにより、宇宙時代の幕が切って降ろされました。身近な GPS 利用のカーナビ、そして宇宙旅行の夢やビッグバン・ブラックホール・重力波・宇宙の加速膨張のナゾ解きが現実のものとなってきました。科学的な人知の飛躍的な拡大とともに、哲学的にも、ニュートンの空間と時間の絶対的な狭視点から、相対的で複眼的な広視点での認識論の誕生を見るに至ったのです。

② 量子論
プランク・ボーア・ド . ブロイたち

　プランク・ボーア・ド . ブロイたちは、1900 ～ 30 年にわたって電子などのミクロな世界を解きあかす量子論を誕生させました。これは、マクロな世界の相対性理論とともに現代科学の双璧をなすものでスマートフォン・PC・SNS・ナノテクノロジーなどの実用性においては相対性理論をしのぐものとなっています。

　「第 1 期 量子論の誕生」マックス . プランク（ドイツ人、1858 ～ 1947、89 才没）は、製鉄時の熱放射のエネルギーは、その最小単位（プ

ランク定数）の整数倍（とびとび）のエネルギーが放出されるとした「エネルギー量子仮説」を提唱（1900年）し、量子論への道を開き「量子論の父」と称されました（18年にノーベル賞を受賞）。

　アインシュタインはプランクのアイディアからヒントを得て、光はエネルギーを持った粒子の集まりだとする「光量子仮説」及びその具体例である光と電子の関係を論じた「光電効果」にて、21年にノーベル賞を受賞しました。

　プランクの「エネルギー量子仮説」とアインシュタインの「光量子仮説」はともに、初期量子論の誕生に多大な貢献をしたのです。

　「第2期　電子論の誕生」ニールス.ボーア（デンマーク人、1885〜1962年、77才没）は、当時ナゾの電子の挙動を量子としてとびとびの軌道円を想定し、外の軌道から内の軌道へ飛び込む時に発光するとした理論（ボーアの原子構造の量子論）を提案しました。これにより、ボーアは22年にノーベル賞を受賞したのです。また、彼は、電子は観測の手段や状況に応じて粒子のようにも波動のようにも確率的に挙動する電子の「相補性」も提案しました。

　「第3期　電子論の完成」ド.ブロイ・シュレディンガー・ハイゼンベルクたちは、ミクロの物質は波の性質を持つとしました。ド.ブロイ（フランス人）はアインシュタインの「光電効果」にヒントを得て、原子や電子などの粒子には物質波が存在することを提唱し、これをアインシュタインは絶賛しました。そしてド.ブロイは、電子波の存在から電子の軌道の長さは、電子の波長の整数倍であるとしたのです（24年）。

　27年に、アメリカのデービンソンとジャーマーは電子の波動性を実験的に明らかにしました（37年ノーベル賞受賞）。ド.ブロイは29年にノーベル賞を受賞しました。

シュレディンガー（オーストリア人）は、物質波のエネルギーと挙動の計算式（シュレディンガー波動方程式）を提案し、水素電子のとびとびのエネルギーに関するボーアの予測値を数学的に見事に証明しました（26年）。

　ボルン（ドイツ人）は、物質波の正体は「確率の波」だと主張したのです。そして、物質波の高さが高いところほど電子の見つかる確率が高いとしました。しかしながら、先輩のプランク・アインシュタイン・ド.ブロイ・シュレディンガーらは「確率の波」を感覚的に反論しましたが、電子などの確率的な挙動は確かな事実として認知されてきました。

　ハイゼンベルク（ドイツ人）は、電子などの粒子と波動の二重性を相補的に説明する「不確定性原理」を主張したのです（27年）。

　これはボーアの協力のもとに、電子の運動量の不確定さは光の波長が短いほど大きいといった思考実験において確かめられました。これは後年、日本の小沢正直教授（2003年）により精密に修正され、長谷川祐司准教授の実験により証明されました（12年）。

　量子論は科学面と哲学面において多大な展開があります。科学面においては、いくつかの興味深い「量子宇宙論」を生みました。なかでも、佐藤勝彦教授らの「インフレーション理論」は、ビッグバン前段の急激な膨張エネルギーを、量子論の「真空のゆらぎ」による「真空エネルギー」の放出に求めていることです。「真空のゆらぎ」による「真空エネルギー」の放出説とは、高エネルギー状態の高温の「偽真空」から低温の「真真空」に相転移することで、膨大なエネルギーが熱として放出されてビッグバンが起きるとした仮説ですが、その後のNASAの衛星データにより裏づけられているそうです。

　ほかには、量子特性を生かした「量子コンピュータ」の開発研究

です。これが実現できれば並列計算の同時処理が可能となって、現在のノイマン型に比べて処理計算量が飛躍的に拡大できるそうです。

　電子などの素粒子が波動するという量子論の「相補性」は、興味深いことに哲学面において、人文的な「人間と自然」や「精神と物質」の関係などにも適用されるのです。それは、おもしろいことに量子論という先端の科学的立場から、人生においては無（絶望）と有（可能な夢）が確率的に共存することや、否定（失敗）しても肯定（成功）が待っているもので、「人間の認識があって万物はある、そして人間が万物の創造主である」などの元気の出る人生哲学がもたらされたのです。「相補性」の提唱者のボーアも、古代中国からの陰陽思想を象徴する太極図を愛好しました。ちなみに、太極図は韓国国旗にも採用されています。

③ コンピュータ時代と情報革命
1）コンピュータ時代
ノイマン "コンピュータの父"（1903～1957年、53才没）

　ジョン.フォン.ノイマンはハンガリーの豊かなブダペストにて、ユダヤ人の多才な父（弁護士）の三男坊として生まれました。幼少期からの英才教育により語学や数学にすぐれ、8才で微分積分学をものにしたとか。一方、音楽や体育は苦手だったようです。

　11才でギムナジウム入学したノイマンは、ラーツ校長の勧めにてブダペスト大学講師と教授の個人指導を受け、17才の時には数学者との共著論文を書き、ドイツの学会誌に掲載されるまでになりました。ブダペスト大学で数学を学ぶかたわら、ベルリン大学などで走りの化学工学を修め、23才で数学・物理・化学の博士号を得

ました。その後は、新進気鋭の数学者として大成し、時には明るく
猥談も口にするユーモリストでもあり、優れた企画者でもあったの
です。

27才で同郷のマリエットと結婚し一女をもうけますが、性格の
不一致で離婚。翌年には、やはり同郷のクララと再婚しました。

ノイマンは、27才でアメリカのプリンストン高等研究所の所員、
30才からは数学の教授を務め、アインシュタインらとともに研究
に従事しました。34才の時にはナチス政権から逃れてアメリカに
移住した後、対ドイツ戦争前からの爆発衝撃波の研究成果を上げた
後、弾道計算用や暗号作成機解析用のコンピュータの開発研究に専
念していくのです。そして、暗号作成機解析用の電子計算機の開発
指針となる『電子計算機の理論設計序説』を著し、「EDVACに関
する報告書の第一草稿」を発表することで、ノイマン型コンピュー
タの基本構想を明示したのです（1945年、42才）。

元々、反ヒトラー・反スターリンの彼は、39才で原爆開発の
マンハッタン計画にも参加し、爆轟衝撃波などの研究に従事し、原
爆の最適な投下高度を決めました。なんと、その投下には日本の八
木アンテナが使用されたとか（日本軍は不採用のままでした）。

戦後は、ソ連との冷戦から政府の要請を受けて、水爆や弾道ミサ
イルの開発を主導しますが、核実験の放射線被爆により52才でガ
ンを発症、奮闘するも53才にて激務の人生を閉じたのです。

ノイマンの業績の第1は、彼の斬新な数学的業績を基本として、
画期的な電子計算機（ノイマン型）の開発に成功し（技術面では、エッ
カートとモークリーの協力がありました）、コンピュータ時代の幕
開けをもたらしたことです。そして、その利用は情報処理の全範囲
に及び、いわゆる情報革命をもたらす人類への一大福音をもたらし

たことでした。

ノイマン型とは電子式・初の2進数・OSプログラム内蔵式・逐次処理で構成されるコンピュータで、その実用機（EDVAC）は1951年に稼働開始。ノイマン型は現在でもコンピュータの基本構成となっています。

業績の第2は、ゲーム理論の幕開けを作り、これをモルゲンシュテルンとともに経済学に持ちこみ、一大旋風をもたらしました。その後、進化を重ねて現代では経済学の中心的分野となったのです。それは、なんと72年以来、20件ほどのノーベル経済学賞の受賞を生んでいるのです。ゲーム理論とは、勝負を競うチェス・将棋・囲碁などのゲームにおけるプレイヤー間の思惑・作戦・決断・実行・評価などの流れを数学的モデルを設定し解析するものです。この手法は、経済学だけでなく多方面の学問分野に適用されて、多くの成果を挙げています。

2）情報革命
シャノン "情報理論の父"（1916～2001年、84才没）

クロード.シャノンは、アメリカ・ミシガン州北部のベストスキー市にて、実業家の父と高校教師の母（後に校長）の間で生まれました。

子どもの頃は、模型飛行機やラジコンボートで遊び、農園まわりの鉄条網を電線代わりにして友達と有線のモールス通信（文字などを、間隔を開けたトン・ツーの2信号による符号化通信）ごっこをしたとか。また、彼はポーの推理小説『黄金虫』を愛読し、暗号や符号に興味を持ち始めたとも。ちなみに、シャノン家は発明王エジソンの遠戚に当たり、クロードは彼に憧れていました。

16才で母が務めていたの高校を卒業の後、ミシガン州立大学に

て電気工学と数学を修得し、卒業後は MIT の電気工学部の大学院に進学しました。

　20才の時、工学部長ブッシュの研究助手に就き、微分解析機（アナログタイプ）の制御盤の改良を任されました。シャノンは、大学で学んだブール代数の yes/no の論理演算が、実装のリレーのオン／オフ即ち1と0の2進数計算で実現できることを発見したのです。彼は、このアイディアをベル電話研究所での研究によって具体化し、これを修士論文「リレーとスウィッチング回路の記号分析」として電気学会に提出しました（1937年、21才）。

　同論文において、リレーのオン／オフの組合せを直列／並列回路に適用することで定義した AND・OR・NOT などの回路記号を提示して、論理回路をリレーや真空管で実装できることを示しました。2進数のデジタル回路の設計理論の成功は、チューリング（イギリス人）やノイマンに先駆けてコンピュータ時代の幕開けをもたらすことになったのです。

　この後、恩師ブッシュの暗号（海軍要請の日本の外交文書）解読装置の改良作業を終えた後、ブッシュの勧めで遺伝子研究を行なった24才の時に、「理論遺伝子学の代数」を博士論文として提出しました。これは、後年の人工生命・人工知能（AI）研究につながることになるのです。

　25才のシャノンはベル研究所に就職し、イギリスへのドイツの爆撃に備える対空砲火制御システムプロジェクトに参加（1941年）します。シャノンらは、ノイズの多いレーダー情報を確率論と統計的手法により高精度化に成功したことで戦果を上げ、連合国の勝利に貢献したと言われています。

　翌年には、ドイツ軍の暗号解読に成功した天才チューリングとの

協働にて、大西洋を挟んでルーズベルト大統領とチャーチル首相の首脳会談の暗号化研究に取り組みました。彼らは、ごく狭い帯域幅で音声信号の符号化を工夫し、圧縮させてノイズの影響を減らすことで首脳会談の実験に成功したのです。

　シャノンとチューリングは、情報の最小単位が「1と0」の2進数で表現でき、この2を2の1乗として、この1を1ビット（1けた）と定義しました（ビットの命名は、同僚のテューキーによる）。256の情報量の伝送には8ビット（数字が8けた並ぶこと）が必要となるわけです（2の2乗は4、2の8乗は256）。

　1948年、シャノンは論文「通信の数学的理論」を発表し、文字・音声・画像など多様な情報をビット化することで初めて数値化し、これらを正確・高速にて送信できることを示しました。これから、現在のスマートフォン・インターネット・Eメールなどが生まれたのです。

　翌年の33才の時、サンプリング理論において、適当なビット数のもとで音声と映像がノイズを最小にして、狭い帯域幅においても伝送できることを明らかにしました（49年の標本化定理）。標本化定理は、音声や映像のアナログA信号からデジタルD信号へのAD変換の基礎理論となったのです。

　48年に、シャノンは相思相愛のベティ.ムーアと再婚し、新居をニュージャージー州モリスタウンに構えました。3人の子どもへは、宿題を見るなど面倒見はよかったそうです。その後の中年時、夫妻は株式投資にはまりずいぶん稼いだとか。彼のどの情報理論が有効かと記者に聞かれて、彼は正直に「内部情報だよ」と、なんとも皮肉なジョークで、思わず笑っちゃいます。

　その後、論文「チェスのためのコンピュータ・プログラム」を発

表（1950年）します。そこでは、プレーヤーの一手の数値的な評価関数（駒の役割・位置・移動の価値を数値化したもの）に基づくミニマックス・アルゴリズムを採用しました。これにより、チェスプログラムが発展したので、シャノンはコンピュータ・チェスの父と言われています。また、同年に彼は、迷路問題を解決した世界最初の学習機械「テセウス」クン（ネズミロボット）を製作しました。ちなみに、1997年にAIチェスは人間のトッププレーヤーに勝利しました。チェスより複雑な将棋においても2013年に勝利したのです。

［註］ミニマックス・アルゴリズムとは、想定される最大の損害が最小になるように決断を行なう戦略のことです。

　シャノンは36才になって、新オートマトン（自動動物）の研究を弟子のマッカシーらとともに開始し、翌年には論文「コンピュータとオートマトン」を出したことで、人工知能（AI）の分野の先駆者となりました。そして、マッカシーとシャノンらのダートマス会議（1956年）からAIの組織的研究が始まったのです。

　シャノンは、56才までベル研究所の顧問を務め、MITには62才まで在籍しました。65才頃から頭の使い過ぎによるものなのかアルツハイマー病を発症、76才には介護施設に入り、84才でビッグな生涯を閉じました。妻ベティは、数学と編集上の助力そして最期の介護に尽くしました。なお、シャノンは、生涯で15件の受賞と10大学の名誉博士号を受けていますが、これにおごることなく生涯科学を楽しむ謙虚の人でした。

　シャノンの業績は、基礎編と応用編に分けられます。

　基礎編としては、1.デジタル回路の設計法の発見、2.情報理論の業績があります。応用編としては、防空砲火システム・暗号理論・チェスプログラムの開発・人工知能（AI）などあり、基礎編の1.に

ついては上述したので、その2.情報理論の業績について二つの説明を加えます。

1）情報のエントロピーHの定義

　　論文「通信の数学的理論」において、シャノンは、情報というあいまいな概念を対数（けた数：ビット数）化することによって、数値的に認識できるようにしました。つまり、上述のビット数nは、通信量Mの2を底とする対数：$n = \log_2 M$ にて求められるとしたのです。そして、この式がボルツマンのエントロピーの式 $s = k \ln W$（lnは自然対数）に似ていることから、シャノンはビット数nを「通信」の乱雑さ（ノイズ）と解釈してエントロピーの術語を用いました。そしてこれから、通信量Mを「情報」の生起確率pに置き換えて「情報」のエントロピーHを、$H = -\Sigma\, p \log_2 p$ と定義したのです（単位はビット、8ビットは1バイト）。

　　Hは、全ての情報の生起確立が等しい時に最大値：nビットをとる性質があり、情報の価値が最大であることを示しています。この情報のエントロピーの概念から、通信における情報源の情報量の大きさや通信路の容量が記述できます。わかりやすい一例として、スマートフォンやインターネットなどのデータ伝送において、生起確率の大きい文字（E、eなど）や画素ほど、符号長さを短くできる符号化理論（エントロピー符号）があります。このアイディアはモールス符号にもありますが、シャノンはこれを拡大し数値化したのです。

2）データ伝送

　　データ伝送は、スマートフォンなど情報交換の全ての分野において重要な機能です。そこでシャノンは、ノイズがない通信路での「符

号化」機能と、ノイズがある通信路での「誤り訂正符号」機能を導入しました。この二つの機能は、伝送容量やデータ圧縮などの基礎理論のもととなっています。

　ノイマンとシャノンらの活躍と LSI などの電子技術の発展によってコンピュータ時代が開花し、情報理論の発展もあってインターネット・SNS・AI などの一連の情報革命がもたらされました。

　ちなみに歴史を振り返って、天体・人体・力学などの解明には千年以上要したのに、電気・電子・量子・コンピュータ・情報理論の短期間でものすごい発展はなにによるものなのでしょうか？　それは、前者のものはいわゆる「人間に与えられたもの」であったのに対し、後者は「人間が造ったもの」として説明できます。この先の発展には、ワクワクするものがあります。

２．情報革命の成功者

　シャノンの夢多き情報の基礎理論は、その応用分野の爆発的な展開を予測させるもので、商品化の意欲に燃えた人物と企業の登場を待つばかりとなったのです。まず、シャノンの後輩らと IBM などの企業は汎用コンピュータの開発に成功しました。次いで、スティーブ.ジョブズやビル.ゲイツは、コンピュータ応用の大衆化商品の開発に大成功して全米で１，２を競う巨大企業を育てました。そして、世界の人々に対しては、情報革命を身近なものにした偉大な功績があります。

スティーブ.ジョブズ　"アップル社創立"（1955 ～ 2011 年、56 才没）
　彼は、シリア人の父（ムスリム）とスイス系アメリカ人の母のもとに私生児として生まれ、生後すぐに養子に出されました。少年の

頃は、好奇心が旺盛な IQ 値の高い子どもだったそうです。

　21 才でウォズニアック、ウェインとともにアップル社を立ち上げ、初のパーソナルコンピューターとなる「Apple Ⅱ」で大成功を収めました。

　その後は、マッキントッシュ・iPhone・iPod・iPad などの成功により、2019 年には純利益 3385 億ドル（全米第 2 位）を売り上げる巨大企業になったのです。ちなみに、アップルの社名は、ジョブズが仏教徒（禅）のベジタリアンであり、りんご好きだったからだそうです。りんご好きは、あのナポレオンにも通じ、なんとも微笑ましい。

ビル . ゲイツ　“OS 革命”（1955 年〜）
　彼は裕福な家庭に生まれましたが、ぜいたくはしなかったようです。少年の頃は、日曜学校に通い、聖歌隊のメンバーでした。また、ターザン物やナポレオンなどの偉人伝を愛読したとも言われています。

　ゲイツは、早くからコンピュータに接してハーバード大学生の時、BASIC インタプリンタ（機械語への翻訳機）の開発に成功し、ソフトウェアを開発・販売するマイクロソフト社をアレンと設立しました（1975 年、20 才）。

　ソフトウェアである OS（オペレーションシステム）の開発は、MS-DOS から WINDOWS シリーズの大成功をもたらして、マイクロソフト社は 2019 年 3920 億ドル（全米第 1 位）の純利益を売り上げたのです。

　ビル . ゲイツの 2017 年の推定資産は、860 億ドル（約 9.5 兆円）の大富豪ですが、倹約家であり、メリンダ夫人とともにギビングブレッジ（寄付誓約）の慈善財団を設立し、途上国の医療・教育・貧

困などの改善対策に尽力しています。

　いままさに、誰しもが努力すれば、情報社会の一員としてその恩恵にあずかれるのです。うまくすれば、知的資本さえも獲得できそうです。君は力をつけ、仲間とともに AI を活用して小さな成功を勝ち取りましょう。そして、これから成熟する情報社会においては、正義と愛にもとづく理想世界の実現を、あなたとともに願わずにはいられません。

3．高貴な人物とその貢献
ノーベル　"ノーベル賞の創設"（1833 ～ 1896 年、63 才没）

　アルフレッド . ノーベルは、スウェーデンのストックホルムの下町にて、工場経営者の 3 男坊として生まれました。

　アグレッシブな父は 26 才で 22 才の誠実な母と結婚し、8 人の子をもうけますが家貧しく、成人したのはノーベルを含む 4 人の男の子だけだったとか。

　ノーベルは未熟児で虚弱体質でしたが、母の愛をいっぱいに受けた内向的で思慮深い子どもに育ちました。小学校には 18 か月しか通ってないと言われていますが、それでも成績はオール A の記録が残っています。困窮からの脱出には勉強しかないという思いが強かったのかもしれません。

　9 才の時、現在のサンクトペテルブルク（ロシア）で機雷製造に成功した父に呼ばれて、一家は当地に移住しました。教育熱心な父は、兄弟に 4 人のすぐれた家庭教師をつけて語学会話(英仏独露語)・歴史・化学を学ばせました。優秀なノーベルは抜きんでて、彼らの期待に応えたばかりでなく、バイロンやシェリー詩集にも心酔します。長じてはダーウィンやハーバート . スペンサーの書にも親しん

だとか。

　ノーベルは詩人や作家志望が強く（これが、後のノーベル文学賞を産んだのかも）、悩んだ父は、化学の研究のために彼をパリ（ニトログリセリンの存在を知る）やアメリカに留学させました。

　22才で帰国してからは、ニトログリセリンの安全な製造法と利用方法の研究に全集中。29才の時、起爆装置を発明し、水中爆発に成功しました。3年後には、雷管による爆発により陸上でも成功しますが、軍用には危険すぎるとして採用されませんでした。前年には、グリセリン精製中の大事故を起こし、弟エミールと5人の助手を失い、本人もけがをしたのです。彼はめげずに安全性の研究に全集中し、33才の時にニトログリセリンを珪藻土にしみ込ませて、安全な「ダイナマイト」を発明。翌年米英で特許を取得し、5年後には、50か国の特許を取得しました。そして、100近い工場で生産され、鉱山採掘や土木工事などに使用されたのです。この後も、ダイナマイトを改良した「ゼリグナイト」などを開発しますが、武器にも使用され、彼は心身ともに健康を害したのです。

　ノーベルは、大富豪になっただけでなく学位や勲章などの数々の名誉を手にしますが、一方では、利権に浅ましく群がる連中との特許紛争に疲れ、人間不信を強めたのも事実でした。

　ノーベルは、生涯に3度恋愛したとか。若い時、ロシア娘のアレクサンドラにプロポーズするもふられ、恋愛恐怖症になったのかもしれません。2番目は、できれば結婚相手にと思い、秘書募集にやってきたベルタ.フォン.キンスキーに対して、43才のノーベルは、33才の彼女の美貌と教養にゾッコン。ノーベルは、ベルタとの出会いにて持論の平和論（強力な武器は、戦争の抑止力となって平和がもたらされる。）を普段は寡黙なのに饒舌に語り、ベルタは彼の

平和論に耳を傾けました。しかしながら、彼女は恋人のズットナー男爵のもとに走ってしまいました。後を追うノーベルは、ウィーン郊外のバーデンの花売り娘ゾフィー（20才）に惚れ、3度目の恋愛になりますが、結婚には至らず、交際は18年間、ノーベル61才までつづきました。

　ちなみにベルタはズットナー男爵と密かに結婚し、辺境のコーカサスで立派な平和主義者に成長します。10年後の1886年、ノーベルはパリでベルタとの再会を喜び、その3年後にベルタは反戦小説『武器を捨てよ！』を出版（89年）します。

　ノーベルは、ベルタのオーストリア平和協会に加入して財政的支援を最期まで続けたのです。彼女は、称賛するノーベルに対して平和論をリード、平和賞の創設を促しました。ノーベルはそれに応えることで死の商人というの風評から放たれ、救われたのです。1901年に平和賞など5賞が創設され、ベルタは1905年に女性として初めて受賞しました。

　1895年、ノーベルはイタリアのサンレーモにて心臓病が悪化、医者はニトロを勧めましたが、皮肉にもノーベルは拒否しました。翌年の96年12月7日、脳溢血で倒れ、3日後に63年間の輝かしい生涯を閉じました。

ズットナー　『武器を捨てよ！』（1843～1914年、71才没）

　ベルタ．フォン．キンスキー（結婚後はズットナー）は、オーストリア・ウィーンのキンスキー宮殿の片隅にて伯爵令嬢として生まれました。父は高位貴族のキンスキー伯爵（75才、帝国の中将兼侍従長）、母は下位貴族の騎兵大尉の娘ゾフィー（28才）でした。

　母ゾフィーは、プリマドンナ志望でしたが、両親の反対にあって

はたせず、65才のキンスキー伯爵と結婚。当時、オーストリアの古風な貴族社会の「カースト」（身分制度）はきびしく、下位貴族の身分では、宮殿でのあらゆる祭典には参列できなかった母の悔しさは想像に難（かた）くないものがあります。

　父は彼女が生まれる直前に75才で亡くなりますが、それから母子への平民扱いが始まったのです。

　ベルタがキンスキー一族の庶子（しょし）あつかいとなったことは、彼女の洗礼の代親（だいしん）が6才の兄アルトゥールであったことで説明できます。母は、いとしい娘に与えたハンディキャップをはね返す怨念（おんねん）から、娘の養育に力を注ぎました。何人かの家庭教師をつけてフランス語・英語・イタリア語から音楽と文学の教育に力を注ぎ、ベルタも母の愛にしっかり応え、多くの文学名著にも親しみました。

　一方では、母のなつかしのアリアにまどろみ、甘い夢を見るあどけない少女時代でもあったのです。ベルタが、窮屈な修道院育ちでなかったことが、彼女の人格を高貴なものにしたのでしょうか。いとこのエルヴィーラは、ベルタより1才上の早熟な才女で、ベルタが12才の頃から同居していて、文学や哲学を教わりました。

　結婚適齢期の18才のベルタは、はれてウィーンの社交界に胸ふくらませデビューしますが、うまくとけこめずに失意の退散に終わったことで、改めて自分の素性に思いをはせたのでした。気を取り直したベルタは申し込まれていた求婚を受け入れ、その相手は52才の成り上がりの実業家グスタフ.ハイネ男爵でした。彼は革命詩人ハインリッヒ.ハイネの弟で、彼女は財力にもの言わせての強引な求愛キスにベルタはたじろぎ、拒絶反応でもって婚約を解消してしまったのです。

　その後の幾度の婚約も実を結ばなかったのです。それは思うに、

ベルタの教養の高さから、愛のない結婚にふみきれなかったので
しょう。25〜28才にかけて、幸せな結婚の夢からさめて、自立の
道として、母の勧めもあって歌手への転身のために歌のレッスンに
励み、音楽教師になれるほどになりました。ベルタが平民扱いに屈
することなく、自立の道を取り始めたことは、彼女にとっては人生
の最初の励起となったのでした。

　30才のオールドミスのベルタは、女侯エカチェリーナの招きに
応じる前の働き口を求め、ズットナー男爵家の四姉妹の家庭教師と
なります。母ゾフィーは、ガンコで自立心の強いベルタを心配して
別れの詩をつづりました。男爵家での姉妹四人とのにぎやかな団ら
んは、やがて、7才年下の貴公子のアルトゥール.ズットナーを交
えて行なわれたのです。

　ベルタは、アルトゥールの高貴な人格に惚れ、彼からも見初めら
れて深い恋仲になりました。彼らの3年にも及ぶひとときの密かな
逢瀬（デート）を両親に知られることなく楽しめたのは、姉妹のイ
キな計らいによるものでした。愛が深まるほどベルタを苦しめたの
は、結婚はかなわないであろうこと、それで、辞して女侯エカチェ
リーナの招きに応じるかでした。ついには、二人の関係は彼の両親
の知るところとなり、ベルタは無財産で7才年上のゆえに結婚は許
されないことを告げられました。愛の清算に関する息子の責任を強
く感じ取ったアルトゥールの母は、ベルタを不憫に思い、新聞の秘
書兼家政婦長職の求人広告（5か語）を調べて、求人者が著名なア
ルフレッド.ノーベルあることを確認してベルタに勧めました。ベ
ルタはやむなく5か語で応募して、ノーベルとの文通が始まったの
です。ノーベルはベルタの高い語学能力を認め、できれば妻にした
い思いもあって着任を快諾したのです。

32才のベルタは、後ろ髪を引かれる思いでパリに赴き、駅頭で出迎えたノーベルはかいがいしくホテルの案内まで<ruby>おもむ<rt></rt></ruby>するのでした。

　ノーベルの秘書兼家政婦職は短期間ながら、初めて聞く彼の誠実な平和論に熱心に耳を傾けました。独身で10才年長のノーベルは、美麗で聡明なベルタに一途な好意をいだきました。懐疑的で寡黙なノーベルは、寸暇を惜しんでベルタとの会話では思うところを饒舌に語ったという。

　一方ベルタは、茫然自失のアルトゥールからの電報で「君なしでは生きてゆけない！」にむせび泣き、アルトゥールを選ぶ決断をしたのでした。彼女は、宝石を売ってホテル代を精算し、ノーベルに感謝の言葉をそえた別れの手紙を残しウィーンに向かいます。ベルタが去った数週間後、失意のどん底のノーベルは彼女を追ったのか？　迷ったウィーンの保養地のバーデンで20才の花売り娘ゾフィー．ヘスと出会い、彼女との愛慾におぼれたと言われています。

　1876年、ベルタは生涯の同志となる恋人のアルトゥール．ズットナーとウィーン郊外の小教会にてひそかに結婚し、ベルタ．フォン．ズットナー男爵夫人となり、ミングレアの女侯エカチェリーナを頼って、黒海の船旅を経てコーカサスの彼の地へ移り住みました。当地では、女侯エカチェリーナの招きに応じての奉職はかないませんでした。それで、生来なまけ者のアルトゥールが、ドイツ語教師・農業経営企画・木材業・建築関係と仕事を変えて収入をはかります。ベルタは、音楽とフランス語の教師そして文筆に励みます。二人は、生まれの貴族階級の不労所得に代わって、初めて勤労によって収入を得るといった生活から、人生の真実にめざめたのではないでしょうか（人生第2の励起）。

　二人は望みかなわず困窮にあってもなかむつまじく、当時の最新

のダーウィン進化論とそれを援用した科学論（ハーバート．スペンサー）と歴史論（ヘンリー．トマス．バックル）などを旺盛に学んだのです（第3の励起）。そこから、社会と人間の進化による高貴化をかたく信じるに至り、彼らなりの愛と知性の平和学の礎を築いていったのです。

　また、目の当たりにした露土戦争（1877年）のロシア傷痍兵の惨状から、反戦の思いを強くしたのでした（第4の励起）。この頃から、一大戦乱地域のオーストリア・プロシアの周辺国である英・仏・露においては、戦争を回避する国際仲裁制度を求める政治家らの機運が高まりつつありました。

　別れから10年後の1886年、パリに戻ったベルタはノーベルと再会しますが、彼の喜びの顔を想像してみたくなります。以後、彼はベルタの平和論を深く敬愛し、平和賞の創設提案を受け入れ、亡くなる（1896年）まで友人、時には同志として経済的な支援を続けたのでした。

　1889年、ズットナーは『武器を捨てよ！』を出版しました。内容は、貴族生まれで軍国少女のマルタが、1859～71年の4度の戦争を舞台に、生涯2度にわたっての恋愛・結婚・出産・最愛の夫の出征と戦死から、悲しみを超えての戦争の愚かさと怒り、そして反戦平和の思いを強くし、人間と社会の高貴化により永久平和の到来を確信するように成長していくのです。

　ズットナーは、まったく戦争体験がないにもかかわらず、戦争を国家の最悪の犯罪とみて憎み、それをなくすために取材を重ねて自伝として創作したものです。読者は強い感動を覚え、勇気づけられるので、「武器を捨てよ！」が反戦小説の最高峰の名著と言われる所以でしょう。

『武器を捨てよ！』は、ノーベルやトルストイらに強い感動を与え、ノーベル平和賞の創設に大きな影響を及ぼした小説であり、その後今日に至るまで平和を願う人々のバイブルとなっています。ズットナーは『武器を捨てよ！』を書きあげたことで平和主義者になり、第一次世界大戦の開始（1914年8月）の6月まで、国際平和運動の先頭に立ち続けました。読み終えた読者は、これに大いなる感動を覚え、平和への貢献にいま一歩踏み出すのです。なぜなら、戦争の危機は未だに消えてはいないからです。

　その後、二度の世界大戦の反省から永久平和のため、戦争放棄が含まれた憲法九条（日本）やコスタリカの常備軍の廃止の英断を永続させ、これを世界に広げるために、永久平和への今後の課題を提起することはきわめて重要なことでしょう。

ガンディー　"非暴力主義"（1869 ～ 1948年、78才没）

　マハトマ.ガンディーは、イギリス領インド帝国の最西部の港町ポールバンダルにて、藩王国の宰相の息子として生まれました。

　地元の小学校に入学しましたが合わず、近くの都市ラージコトの小学校に入り直しても成績はかんばしくなかったとか。悪友にさそわれて、タブーの肉食をくり返し、タバコ代をくすねるなどのヤンチャな少年期を過ごしました。12才でハイスクールに入学し、13才の若さで生涯の妻となるカストウルバと結婚（インド幼児婚の慣習による）。卒業する18才で法廷弁護士になるためにロンドンのインナー・テンプル法曹院に入学しました。

　19才の時、母国の神智学協会の幹部と出会って、神秘的で伝統的なインド思想を英語の文献にて学び魅了されます（神智学とは、超常的体験や特別な啓示によって真理を知るといったもので、古来

より世界各地に存在します）。

　卒業後の24才、ガンディーはインド移民の多いイギリス領の南アフリカ連邦にて弁護士を開業し、人種差別を実感してインド思想に傾注していくのです。一方では、少年期よりトルストイ文学や『新約聖書』の「山上の垂訓（すいくん）」にも心酔し、「非所有・非暴力」の信条を形成していきました。

　ガンディーは、十数年にわたってインド系移民への差別に対する権利回復を個別的に地道に行なってきたのです。1910年、イギリス連邦下の南アフリカ連邦となり、人種差別政策の制度化が整備されていくと、差別に対する権利回復運動は組織的展開となり、その指導者であるガンディーは逮捕・投獄されますが、不当な逮捕手続きを追求して釈放されました。このことは、彼の弁護士としての能力の高さを示し、その後の自信になったようです。

　1914年第一次世界大戦が起きると、イギリスは将来の自治を約束してインドの協力を要求しました。翌年に帰国したガンディーは、これを信じてイギリス植民地軍へインド人の志願を呼びかけました。しかし、戦争がイギリスの勝利に終わっても、自治の拡大は思わしくないばかりか、イギリスはインド政府に弾圧法（ローラット法）を制定させ、反対する市民を虐殺するアムリットサル事件が起きたのです（19年4月）。これを見て、ガンディーは「イギリスへの協力は独立にはつながらない」と、信念を変えました。

　その後、ガンディーは独立運動を推進するインド国民会議に加わり、インド綿製品の購入とイギリスの綿製品の不買運動を展開します。こうした一連の運動のために、ガンディーはたびたび投獄されました。例えば、53才時には6年間の懲役刑を受けています。61才からの塩の行進は、イギリスの専売による塩税に反対するもので、

ヒンドゥー教徒とイスラム教徒をつなぐ共通の問題とガンディーは
とらえ重要視しました。ガンディーは宗教間の融和に腐心し、非暴
力の思想はヒンドゥー教・イスラム教・仏教・キリスト教に共通す
るもので、それを各宗派のみならず世界の人々に呼びかけました。

　第二次世界大戦において、日本はインド独立派の一部を取り込ん
で対英戦争を進めました。これに対してガンディーは、「全ての日
本人に」と題された声明を発表します。ファシズム政権のドイツや
イタリアと組んで覇権主義的行動を取る日本への疑問を明らかにし
ました。

　戦後、ガンディーは挙国一致の独立の号令を発し、宗主国イギリ
スの国力の衰えもあって1947年8月15日、国民会議派のネルーは
ヒンドゥー教徒の多数派地域の独立を宣言し、イギリス国王を元首
に戴く英連邦王国内のインド連邦が成立しました（50年には共和
制に移行）。これとは別に、イスラム教国家のパキスタンの分離独
立は、ガンディーの意に反するものとなりました。

　インド・パキスタン分離騒動に心いためたガンディーは、何度も
断食をくり返し融和をはかりますが、インド・パキスタン戦争のさ
なかの48年1月30日、ガンディーをパキスタン寄りと見なすヒン
ドゥー原理主義者の凶弾に倒れ、78才の輝かしい生涯を閉じまし
た。

　マハトマ．ガンディーの偉大な功績は、彼が推奨した「非暴力・
非服従」の「サティヤーグラハ」（真理の把握）という運動精神は、
インド独立の原動力になっただけでなく、ややもすれば暴力に走り
がちな植民地の解放運動や、人権運動の平和主義的な手段として高
く評価されています。10月2日は、ガンディーの誕生日にちなみ、「ガ
ンディー記念日」として国民の休日で、世界的には「国際非暴力デー」

となっているのです。

　ガンディーは、1937年から48年にかけて計5回もノーベル平和賞の候補になりましたが、受賞には至っていないのは実に不可解なことです。

サルトル　"自由と実践の哲学の実践者"（1905～1980年、74才没）

　ジャン＝ポール．サルトルはパリ16区で生まれました。海軍将校の父はサルトルの生後15か月で熱病にたおれ死亡します。彼は、母方のドイツ系フランス人の祖父（ドイツ語教授）に引き取られ、早くから知的刺激を受けて思慮深い子どもに育ちました。

　10才でリセ（名門の後期中等教育機関）のアンリ4世校に入りますが母の再婚にて下級校へ転校することになり、なじめず挫折の年月であったと後日述べています。

　母のお金を盗み、祖父に見はなされたことや美少女の口説きに失敗し、自分の醜さを自覚。この自己否定の思いは、サルトルの思想形成の起点の一つになったのではないでしょうか。

　3年後の15才には、もとのアンリ4世校に復学し、その上級課程に進学しました。18才になり、高等師範学校に入るために短編小説『病める者の天使』を創作、翌年には高等師範学校に入学できました。22才で、友人のニザンとともに実存哲学の創唱者であるヤスパースの『精神病理学総論』の仏訳の校正を行なえるほどに成長したのです。

　24才になり、前年不合格だったアグレガシオン（1級教員資格）の哲学試験に首席合格し、次席合格のボーボワールと出会い意気投合して、翌年には2年間の契約結婚を結びました。この結婚は、婚姻関係（必然の愛）を維持しつつも、お互いの自由恋愛（偶然の愛）

をさまたげないという前衛的なもので、彼女の信条の『第二の性』に沿うものであったのです。この契約結婚は、双方に波乱はあったもののサルトルが亡くなるまで維持されました。

　26才で、ルアーブルの高等中学校の哲学教師に就職します。2年後、現象の本質をとらえるフッサールの現象学を学ぶためにベルリン留学し、現象学に刺激されて哲学小説『嘔吐』を書き始め、5年後の33才で書き上げ高い評価を得たのです。『嘔吐』は、あらすじや解説を読んでも難解ですが、その後のサルトルの生き様のアンガージュマン（社会・政治参加）を見ると、その序章であったとすれば腑に落ちます。

　第二次世界大戦で、サルトルは35才にて召集され、すぐに捕虜となり、翌年に偽の身体障害証明書によって釈放されました。このことが、彼の思想的傾向を実践的なものに形作っていくのです。38才時の主著『存在と無』は、フッサールの現象学とハイデッガーの存在論に色濃く影響されていると言われています。

　1945年、サルトルは戦争体験から次第に政治的関心を強め、ボーボワールらと雑誌『レ・タン・モデルヌ』を発行し、評論・小説・劇作を通じて彼の実践的な実存主義は世界中に知れわたり、とくに母国フランスにおいては絶大なる人気を博しました。サルトルは次第にマルクス主義に傾倒し、アンガージュマンの知識人としてアルジェリア独立やキューバ革命を支持しますが、ソ連のハンガリー侵攻（1956年）やプラハの春への軍事介入（68年）に批判の声を上げ、ソ連型のマルクス主義に疑問を持ちはじめたのです。ベトナム戦争（64年）を引き起こしたアメリカもラッセル法廷にて批判しました。ボーボワールは、妻として時には同志として、サルトルに寄り添い行動をともにしていました。

64年（59才）、サルトルはノーベル文学賞に選出されましたが、ノーベル賞を「資産家層によって作られた儀式にすぎない」と評して辞退したのです。

　73年、サルトルらは左翼日刊紙『リベラシオン』を創刊しますが、彼は左眼の視力も失って両眼の失明となり、活動が大幅に制限されました。

　80年、サルトルは肺水腫にて74才の輝かしい人生を閉じ、葬儀には5万人が参加しその死を弔いました。彼の死後、内縁の妻ボーボワールと養女アルレット（サルトル51才からの34才年下の愛人、26才で養女）らの編集により、多数の遺稿が出版されたのです。

　サルトルは、第二次世界大戦中の対ナチス・ドイツ戦争と被占領下のレジスタンス運動の混迷期にあって、前衛的で良心的な知識人を代表し、行動する哲学者でした。その思想は以下のようにまとめられましょうか。

　いままさに、生きている自分が実存の全てであり、実践を通して自分の本質を自ら作り上げていく自由を持ち、目標や未来像目指し努力することが義務づけられている。

　反ナチズムから、当初はソ連のマルクス主義に傾倒しますが、その後の東欧の民主化運動を抑圧する政策に抗議。ソ連型のマルクス主義に疑問を持ち、その欠陥を考察してマルクス主義を実存主義的に再構築することを試みました。

　追記としまして、10数年前、パックツアーでパリを訪れた折り、レストランでサルトルが座った椅子と写真に見入ったことを思い出しました。

まとめ

1. 人間をしばる古代神話から解放されたソクラテスとプラトンは、新生化を目指す人文科学者として人と社会を高貴化する哲学を模索しました。アリストテレスは「人間の本質は、知を愛する者」と悟り、ヒポクラテスは、「正しく理解すれば、恐怖は消えゆく」と言って、科学的思考の原点を示したのです。

2. キリスト教は、ローマ帝国崩壊後のヨーロッパ社会の倫理と安寧に大いに貢献しましたが、教団の巨大化と世俗政権との癒着（ゆちゃく）により権力化したことで、異端審問や魔女狩りが横行し、これが批判勢力を産み宗教改革の下地を作りました。

3. 数世紀にわたる十字軍の遠征は、ギリシャ科学を発展させたイスラム科学の逆移入を呼びこみ、ギリシャ科学の発見と発掘をもたらしました。

4. ルネサンスは、神からの解放により人文主義の文化と宗教改革をもたらし、プロテスタントもしくは無神論者のなかから自然科学と人文科学の下地が生まれたのです。

5. 人文科学者のベーコンとデカルトは、中世末期の混迷から近世を招来する哲学体系の基盤（帰納法と演繹法）を構築し、カントとヘーゲルはそれらを大成させました。デカルトの「我思うゆえに、我あり」の我は、パスカルの「葦（あし）」であり、彼は「人間は考える葦である」と言い、考えることによって宇宙を超えると宣言したのです。ダーウィンは、彼の進化論から人種差別を否定し、ダーウィン

を擁護したハクスリーは「科学の純粋さと自由、宗教的ドグマから
の解放」を言い残しています。

6. 社会科学者のホッブズ・ロックと人文主義者のルソーは、望ま
しい社会・国家論を提案しました。これからの啓蒙思想は、ピュー
リタン革命（民権の確立）に確信を与え、アメリカ独立革命（独立
権と革命権の確立）とフランス革命（人権の確立）などの思想的な
原点となったのです。カントは、「科学が、人間の知性を育む基礎
力である」と宣言した最初の人でした。

7. 社会改良主義者のスペンサー・マルクス・ガンディー・サルト
ルなどは、ダーウィンの進化論を社会に援用した改革思想を展開し
てゆきました。これは、ロシア革命（労働権の確立）やインド独立
などの思想的な確信の共通点となったのです。

8. 第一次世界大戦後にソ連が、第二次世界大戦後には中国・北朝鮮・
東欧諸国などに社会主義国と言われた国々が生まれました。これら
の国々はいずれも民主国家ではなく、当時の列強諸国の強い圧迫（帝
国主義）に反発して建国されたものでした。したがって、平和にな
ると矛盾が露呈し、西側陣営の圧迫もあって崩壊もしくは民主化改
革が進行中であると思われます。
9. 情報化社会のITとAIの活用による知的資本の獲得は、マルク
スが希求したであろう生産手段の社会化をもたらす福音となって欲
しいものです。

10. ヨーロッパにおける「高貴」な人物は、古代ではソクラテス・

プラトン・アリストテレスなど、近代のルソー・カント・マルクス・現代ではズットナー・ガンディー・サルトルでしょうか。

11. 現在注目すべき人物は、グレタ．トゥーンベリさんです。彼女は、15才の若さで大胆にも、大人世界に対して抜本的な気候変動対策を講じることを、毎週の金曜日にストライキで以て真剣に訴えました。これは、SNS により多くの人々の共感を呼び、世界的な地球温暖化防止の高揚は、人類を救済するものとなってほしいものです。一方では、金もうけ優先の政府や資本家は、地球温暖化を認めたくないキャンペーンを性懲りもなく張っていますが、世界中で繰り返される異常気象災害（大洪水・山崩れ・巨大台風・氷河 - 氷塊 - 永久凍土の消滅・森林火災など）の根拠が地球温暖化であることは、かなり以前から IPCC（気候変動に関する政府間パネル、1988 年から）などによって科学的に確かめられています。グレタ．トゥーンベリさんの一連の迫力ある熱い言動は、人類への愛と科学的正義によるものであり、高貴な人物の少女時代を見る思いです。そして、共鳴し連帯する若者が多いことに明るい将来を感じます。

12. LGBT から派生する SOGI ハラスメントについては、著者も以前は無知であったことの自戒の思いから、科学的に学び直しました。LGBT とは、レスビアン・ゲイ・バイセクシャル・トランスジェンダーなどのセクシュアルマイノリティの総称で、客観的な認識とされています。電通の統計では、LGBT 層は５．２％（2012 年）7.6％（15 年）8.9％（18 年）と増えています。SOGI とは、性的指向と性自認のことで、セクシュアルマイノリティの主観的な認識とされ、SOGI ハラスメント防止は一部の自治体（パートナーシップ制度の

実施）・学校・企業などで取り組みが始まりました。

　そもそも、ヒトの多様な性分布の科学的な説明は、先天的な胎児期のアンドロゲン（男性ホルモン）と、後天的な思春期のテストステロン・アンドロゲン（男性ホルモン）及び、エストロゲン・プロジェストロン（女性ホルモン）の分泌の多少によって決まるとされています。これらの分泌の多少が、先天的や後天的な様々な要因によって異なることで、男性域と女性域そしてその中間の中性域が生まれ、多様な LGBT 層が発生するそうです。したがって、性ホルモンの分泌の多少に起因する先天性及び後天性の LGBT などの多様な性は、人格的にも尊重されるべきものと、正しく科学的に理解できました。性の多様性を認める幸せを皆で共有しましょう。

　セクシュアルマイノリティへの無理解による差別や日本女性への言われなき差別は前著でも書きましたが、日本社会は先進国では稀に見る古代を引きずる重層社会であることによるものでしょう。そこでは戦闘力、即ち男性優位の社会であるのです。戦闘力は、ゲームだけの世界にしましょう。

　ちなみに、日本社会が古代を引きずる重層社会であることのよい例は、令和元年（2019 年）の一連の古代風の「皇位継承儀式」に見られました。当時、筆者はもっと近代的なセレモニーにしてほしかった思いでした。また、非科学的な神話史観に基づく 2 月 11 日の「建国記念の日」は、やがては新生日本の「憲法記念日」である 5 月 3 日に変更すべきと思いますが、どうでしょうか？

おわりに

　以上をまとめますと、歴史的にはずいぶんと時間がかかりましたが、自然への正しい理解力が人間を間違いなく賢くしてきました。これが、物質的な幸せをもたらし、人間の心が自由になって、思想や芸術の豊かな展開をもたらしてきたのです。

　要するに、自然への正しい理解力（自然科学）が原動力となり、これに宗教家やモラリストの愛そして革命家の正義が加わって、人類を高貴化してきたと言えるのではないでしょうか。

参考資料

ブリタニカ国際大百科事典　QuickSearchVersion

『30分でわかる哲学＆思想』小須田健著　日本文芸社（2010年）

『ギリシャ人の科学上、下』B.ファリントン著、出隆訳　岩波新書（1991年）

『図説一冊で学び直せるキリスト教の本』月本昭夫監修　学研プラス（2020年）

『図説科学で読むイスラム文化』ハワード.R.ターナー、久保儀明著　青土社（2001年）

『世界を変えた天才科学者50人』夢プロジェクト［編］　河出書房新社（2007年）

『エントロピーをめぐる冒険』鈴木炎著　講談社（2014年）

『ヒトはどうして死ぬのか』田沼靖一著　幻冬舎新書（2010年）

『ソフィーの世界』ヨースタイン.ゴルデル著、池田香代子訳　NHK出版（1995年）

『マルクス・エンゲルス選集第13巻マルクス伝』向坂逸郎著　新潮社（1962年）

『宮本百合子全集第12巻』宮本百合子著、宮本百合子全集編纂委員会編集　河出書房（1952年）

『アルフレッド.ノーベル伝』ケンネ.ファント著、服部まこと訳　新評論（1996年）

『武器を捨てよ！〈上〉〈下〉』B.V.ズットナー著、ズットナー研究会訳　新日本出版社（2011年）

『平和のために捧げた生涯ベルタ.フォン.ズットナー伝』、ブリギッテ.ハーマン著、糸井川修（翻）、中村実生（訳）、南守夫（訳）　明石書店（2016年）

『［図解］相対性理論と量子論』佐藤勝彦著　PHP研究所（2008年）

『フォン.ノイマンの生涯』ノーマン・マクレイ著、渡辺・芦田訳　朝日選書（1998年）

『シャノンの情報理論入門』高岡詠子著　講談社（2012年）

『クロード.シャノン情報時代を発明した男』ソニ.グッドマン著、小坂恵理訳　筑摩書房（2019年）

『通信の数学的理論』シャノン・ウィーバー著、植松訳　ちくま学芸文庫（2010年）

『セックスサイエンス』石浜敦美著　講談社（1986）

『マンガでわかる　ホルモンの働き』野口哲典著　ソフトバンククリエイティブ（2013）

付録

[付録1] は、難解なエントロピーの三態、即ち熱力学・統計力学・情報論を、わかりやすくするために一覧表にしたものです。
　　　　[付録2] は、エントロピーと自然界及び社会特性との関係を示したものです。

[付録]

[付録1]　エントロピーS（乱雑さ）の三態

	熱力学	統計力学	情報論
三態	熱力学	統計力学	情報論
提案者	クラウジウス	ボルツマン	シャノン
状態量	換算熱量	状態確率	情報確率
記号	q/T	W	P
Sの式	q/T	k ln W	$-\Sigma P \log_2 P$
	q：熱量J，T：絶対温度K	k：ボルツマン定数	P：生起確率
単位	J/kg K	J/K	bit/文字
増大条件	加熱・膨張・拡散	状態数	情報量
最大条件	平衡状態	平衡状態	等・生起確率
物理的意味	不可逆性（マクロ的）	乱雑性（ミクロ的）	乱雑性（マクロ的）
貢献	S計算が可能に、理想サイクル	統計力学の確立	符号化・暗号化・データ通信

[付録2] エントロピーSと自然界及び社会特性

動物特性：動物は、エンジンと同様で食物（燃料）と酸素を取入れ、活動して外にフン・尿・炭酸ガスを排泄する。違うところは睡眠や成長により、Sを減らせること。動物もエンジンも疲労や老化により、やがてはSは増大して閾値を超え、死を迎えるのは同じ。

植物特性：植物は、光（太陽）エネルギーから化学エネルギー（炭水化物など）への穏やかなエネルギー変換（光合成）装置であり、Sは減少するが、枯れ死するのは動物と同じだ。植物が生み出す炭水化物などは、動物の食料となっている。

宇宙特性：宇宙は、無限であり有限の壁は想定できない。全宇宙は同時的に、膨張状態（Sは増大）と収縮状態（Sは減少）が共存している。別の小宇宙は減速収縮期にある。我々の小宇宙は加速膨張期に（^：べき乗）の同時性にあって、全体として定常的である。E＝mc^2、c：光速、別の小宇宙は、物質mとエネルギーEの変換（例えば、全宇宙は、物質mとエネルギーEの変換（例えば、

社会特性：日本を含めた国際社会での、格差拡大・環境破壊・軍拡競争・寸断対立・分散孤立（パンデミック）などはSの増大現象であって、今、Sを減少させる政治的な改革が急がれる。

第 2 編

江戸から日本の明日へ

はじめに

　江戸時代の思想家たちは、後述するように極右から極左まで多岐にわたって存在し、まさに百花繚乱の輝きがありました。これは、江戸幕府による後期封建制の整備に伴う社会の安定化によるものです。

　主流派は、封建制度を支える儒学の朱子学者とその修正派である陽明学派と古学派です。

　封建制度の批判派は、日本の古代思想を尊重する国学派と皇統重視の水戸学派、一方では産業社会の発展を背景に、朱子学と西洋思想からの啓蒙実学派・蘭学者・科学者そして庶民思想家たちがいたのです。皆それぞれに、時代を見つめ誠実に生きた模索の人々でした。

　現代の日本を含めた世界の混迷や模索状態は、まさに江戸時代のそれに酷似するものがあります。

　ここに、江戸時代から現代への思想の潮流を明らかにすることで、混迷状態からの脱出の方向性を模索しましょう。そこで、まずは江戸時代の思想潮流の特徴を追うことにします。

第1章

思想潮流の分岐

１．思想家と科学者たち一覧

　表１は、現代日本の源流を江戸時代に求めそれを一覧するために、その思想家と科学者たちの盛年を、その誕生日に 30 年を加えたものとして年代順に並べたものです。

２．思想潮流の分岐

　表２は、それぞれの思想の潮流を明らかにするために、江戸時代から昭和の戦後までを年代を追ってチャートにしたものです。

表1 江戸の思想家と科学者たち一覧（生年+30才順）〜現代日本の源流

年	朱子学	陽明学	古学	国学	水戸学	蘭学	科学	啓蒙実学	庶民思想	教育施設
1600 江戸時代 (36年清建国) (44年明滅亡)	藤原惺窩 林羅山 林鵞峰 山崎闇斎	中江藤樹 熊沢蕃山	山鹿素行 伊藤仁斎	契沖	徳川光圀		渋川春海 関孝和	宮崎安貞 貝原益軒	西川如見	藤樹書院 古義堂 寺子屋誕生
1700			荻生徂徠 伊藤東涯	荷田春満 賀茂真淵 本居宣長	安積澹泊	青木昆陽 前野良沢 杉田玄白 本木良永 大槻玄沢 稲村三伯	新井白石 三浦梅園 麻田剛立 伊能忠敬 平賀源内 本多利明 志筑忠雄 華岡青洲 山片蟠桃 橋本宗吉	新井白石 富永仲基	石田梅岩 安藤昌益	寺子屋普及 懐徳堂 藩校普及 天真楼 芝蘭堂
1800		大塩平八郎		塙保己一 平田篤胤	藤田幽谷 藤田東湖	渡辺華山 高野長英 緒方洪庵	海保青陵 高橋至時 佐藤信淵 国友一貫斎 宇田川榕庵 佐久間象山 川本幸民 赤松小三郎		二宮尊徳	鳴滝塾 適塾
明治時代 大正時代				吉田松陰 天皇神権思想 帝国,軍国主義				自由民権思想 大正デモクラシー		

120

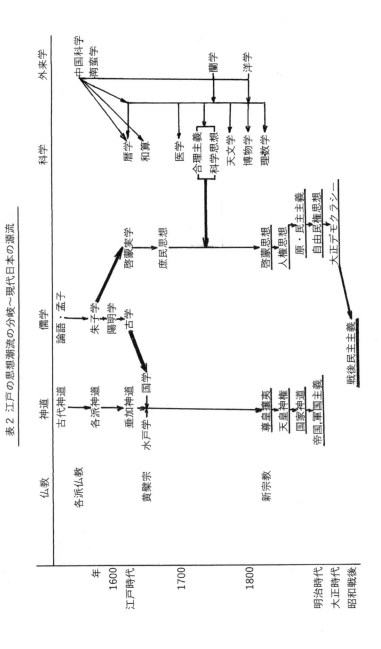

表 2 江戸の思想潮流の分岐〜現代日本の源流

第2章
思想的な特徴

１．仏教の退潮

　奈良・平安・鎌倉時代は、密教・浄土宗・禅宗・庶民仏教（浄土真宗・日蓮宗）と展開し、その時代思想となりましたが、室町時代には世俗政権との抗争が強まりました。

　よい例が延暦寺（天台宗）や石山本願寺（真宗過激派の一向宗）は世俗政権との武力闘争に敗北し、江戸時代に入るとその権勢と権威が衰えてきました。ここに、朱子学の勃興や古代神道への回帰、新参のキリシタンへの好奇が生まれてきたのです。

２．キリスト教の禁教

　1549年にイエズス会のフランシスコ.ザビエルによって、初めて日本に唯一神のキリスト教（カトリック）が伝えられました。これを、多神教である神道と仏教の日本人は衝撃をもって迎えたのです。

　戦国時代末期から江戸時代の初めにかけて南蛮人（ポルトガル人やスペイン人）の宣教師によって伝えられた学術を南蛮学と言って、神学・医学・天文学・地理学などがありました。同時に、望遠鏡・時計・メガネ・地球儀・地図・活字印刷術なども伝来したのです。そして彼らは、唯一神ゼウスの存在と権威を証明するために西洋の

宇宙論や自然観を積極的に伝えましたが、これは遅れた日本にとっては歓迎すべきものであったのです。

　織田信長は、対仏教政策と進取の気性から、キリスト教の布教を認め支援さえしました。しかしながら、豊臣秀吉はその勢力拡大を恐れて1587年と96年、バテレン追放令を出して宣教師を国外に追放しました。

　こうしたなかで、誠に驚くべき話があったのです。それは、禅僧の恵俊は、北政所（秀吉の妻）の侍女であった母ジョアンナの伝道もあってか、受洗後はハビアン不干斎と名乗り、86年にはイエズス会士となったのです。

　彼は、秀吉の迫害を逃れての修道士活動のかたわら、仏教・儒教・神道を否定しての比較宗教論ともいうべき教義問答書『妙貞問答』を著しました。その後は、教団との軋轢説や修道女と駆け落ち説もあって棄教し、晩年には教義批判書『破提宇子』を著し、幕府の弾圧政策に対して元キリシタン側からの理論的根拠を与えたのです。

　興味深いことに彼は、朱子学者の林羅山とのディベート（討論）にて地球球体説を論じましたが、羅山とは全くかみ合わなかったのです。ちなみに、不干斎は『イソップ（伊曽保）物語』を初翻訳したといい、心温まる話です。

　江戸幕府も1612年以降、禁教令を出してキリスト教への弾圧を強めていきました。きわめつけは37年の島原の乱の徹底鎮圧でした。これに、非カトリック国のオランダが軍艦を派遣して加勢したことは、ヨーロッパにおける熾烈な宗教戦争の反映でもありました。そして、外国との交易を非カトリック国のオランダと中国の清に限定した鎖国体制は41年をもって完成し、南蛮学は途絶えてしまったのです。

3. 儒学の展開

　儒学は、四書（大学・論語・孟子・中庸）と五経（易・書・詩・礼・春秋）を経書として、これを解釈する学問を経学と言います。日本へは4〜5世紀頃に伝来し、大化の改新などの理念に大きな影響を与えました。

　江戸時代、朱子学は陽明学から古学と展開していきます。初期の林羅山や山崎闇斎らは、儒教国朝鮮・李朝の朱子学者である李退渓の影響を多く受けたと言われています。

　朱子学は、江戸幕府の封建制度を支える官学となりますが、中期以降は商業の発展によって封建制度がゆらぎ、中国の政変（清の建国と明の滅亡）もあってその勢いは弱まり、その反省として「心即理」の陽明学や古典の論孟重視の古学派が見直されていくのです。それでも、歴史の進展に追随できずに儒教界の古学派から国学が生まれ、古代神話からの天皇の皇統主義に依拠する方向と、一方ではその朱子学の進歩派は、西欧の合理主義から啓蒙主義への傾斜という二方向に分岐していくのです（表2参照）。

4. 国学と神道の台頭

　仏教の退潮・キリスト教の禁教・朱子学の閉塞感、そして上述の中国の政変などを背景に、日本人は己がアイデンティティーを求めて模索を始めたのです。そして、大勢は「日本は、神国なり」に到達して、その理論的根拠を求めて国学と国史そして神道研究に展開していくのでした。水戸学派は『大日本史』の修史が皇統を確定し、それが幕府の正統性を担保するとしたのです。

5. 啓蒙実学の発展

　江戸初期の 17 世紀、農地開発と人口増が相互的に作用して、人口が 1500 万人から 2800 万人へとほぼ倍増したことで、多様な社会問題が噴出しました。解決策として、暮らしを維持・改善するための知識（実学）や、人々の知的レベルを上げる啓蒙思想が求められたのです。中期以降では、中国の政変とロシア・イギリス・アメリカの外圧という外的要因も加わりました。

　啓蒙実学の誕生には、初期の南蛮学から中期の蘭学、そして末期の洋学がもたらした西洋科学の合理主義が進歩的な朱子学者や医者に作用したようです。朱子学者の物の理をきわめて知に至るとする格物究理の思考論理が役に立ったのです。また、後期以降は、医学・天文学・本草学などの江戸科学の発展の影響も見逃せません。

6. 庶民思想の展開

　後期封建制の江戸時代は、都市部には工場制手工業、農村部には問屋制家内工業を成長させました。そして、都市部と農村部に庶民層が急増しますが、彼らは普及した寺子屋教育によって高い基礎学力を身につけたのです。そこを土壌にして、窮屈な封建思想から距離を置く、庶民感覚を持った先進的で多様な思想家たちが輩出したのです。

第3章
儒教と国学の思想家たち

　以上をふまえて、それぞれの思想とその思想家を表1に沿って具体的に追っていくことで、現代日本の思想的源流を明らかにします。

1. 朱子学

　朱子は、北宋哲学の統合による「理気説」で以って儒学体系を進化させた朱子学を開きました。日本へは、鎌倉初期に伝来し禅僧の素養として広まったそうです。楠木正成もその信奉者であったとか。

　朱子学では、人は「理気説」の修得により、「仁と礼」の境地に到達できると説きます。「理気説」とは、森羅万象の存在則を「理」（万物の根源たる太極からのもの）とし、これに即して動き変化するものを「気」として宇宙・世界・社会・人間にかかわる全ての事象を説明しようとしたのです。

　「気」が大きい時を「陽」、小さい時を「陰」と呼び、この二つの集まり具合で木火土金水の「五行」が生まれ、これらの組み合わせによって万物が生み出されるとしたのです。

　人間に関しては、「理」を性（善）、「気」を情（揺らいで悪）とする二元的な性情論を取り、「理」をきわめる修養と学問によって情は性に止揚されると説きます。この後には、朱子学の理屈っぽさ

をきらって、人間性としての「気」を重んじる観念的な陽明学が生まれました。また、存在則の「理」は、存在の「序列」（君臣・年長・父子・男女など）を肯定し固定化することから幕府の封建支配には好都合でしたが、結果として官僚・学歴・差別主義の弊害を生むことになったのです。

　また、朱子学以外を禁止した「寛政異学の禁」（1790年）は、「国学」高揚の気運から尊皇運動の勃興をもたらし、末期の倒幕運動そして明治維新へとつながっていくのです。しかしながら、思考世界を一躍宇宙まで拡大しての合理的な思考論理は、啓蒙実学の創出と西洋文化受容の下地を準備するメリットもあったのです。

　ちなみに、「気」とは興味深いことに、現代風に解釈するとすれば、さしずめ宇宙の星間暗黒物質のダークマターともいうべきものでしょうか。

藤原惺窩　"近世儒学の祖"（1561～1629年、58才没）

　禅僧出自の近世儒学の祖と言われ、禅学と漢学を学んだ後、朱子学に傾倒し、解説書である『四書五経倭訓』を執筆し、学問研究の自由を主張し、多くの弟子のなかに林羅山がいました。

林羅山　"徳川4代に仕える"（1583～1657年、74才没）

　朱子学は幕府の官学となって、羅山は徳川家康・秀忠・家光・家綱の4代に儒官として仕え、幕府体制の基礎作りに貢献しました。

　彼は持論の「上下定分の理」でもって身分の上下を強く肯定したのです。三代将軍家光から国史編纂（修史）の幕命を受け、徳川幕府の正統性を明らかにするための日本通史『本朝編年録』は明暦の大火（1657年）に焼失しました。

林鵞峰_{がほう} "親子で徳川家に仕える"（1618 ～ 1680 年、62 才没）

　林羅山の第三子で、儒官として四代将軍家綱に仕えました。修史完成の幕命を受け、父の『本朝編年録』をもとに、神代から 1611 年までの漢文の一大編年史である『本朝通鑑』_{つうがん}を 70 年に完成しました。編纂途中、明朝から清朝への政変により、当初の書名『本朝編年録』が政変以前の宋代の史書『資治通鑑』にならって『本朝通鑑』に変更されました。

山崎闇斎 "尊皇論に影響を与えた"（1619 ～ 1682 年、63 才没）

　禅僧出自の朱子学派の儒学者でありながら官学派を批判し、伊勢・唯一・吉川神道各流派を朱子学の理気説をもとに集大成した「垂加_{すいか}神道」を唱えました。

　これは、理気一体の太極に天地開闢_{かいびゃく}神のクニノトコタチノ神を置き、これが人体神の天皇と同一であるとしたので、幕末の尊皇論に多大な影響を及ぼしました。

２．陽明学

　朱子学の硬直性を見直した明代の王陽明による「心即理」の儒学で、人の心そのものが「理」であるとし、知を身につければそれを実行する「知行合一」を主張します。幕府の権威や封建秩序を支える官学の朱子学と違って、幕末期に封建体制の矛盾が高まると、自己の責任で行動する信条から直接行動に出る傾向がありました。倒幕を目指した吉田松陰_{しょういん}や西郷隆盛ら多くの下級藩士の共感を得たのです。

　維新後、明治政府は将軍に代わって天皇を「理」即ち「神」とする絶対体制を築き上げ、儒教の道徳観を教育勅語などに取り入れま

した。

中江藤樹 "孝を説く"（1608 ～ 1648、40才没）

　日本陽明学派の祖で私塾、藤樹書院を開き、「知行合一」を具体的に実践することを村民に説いたので、近江聖人と言われました。著書の『翁問答』は、「孝」を根源とする道徳論を説きました。

熊沢蕃山 "知行合一"（1619 ～ 1691、72才没）

　中江藤樹の弟子で、「知行合一」を幕府に具申した著書『大学或問』により迫害を受けました。

大塩平八郎 "大塩平八郎の乱"（1793 ～ 1837、44才没）

　大坂町奉行所の名与力の陽明学者で、「懐徳堂」の合理主義を学び、家塾の洗心洞を開きました。1837年、天保大飢饉時のコメ買い占め暴利に対して、武装蜂起しましたが鎮圧されました。

3．古学

　朱子や王陽明の解釈によらず、古典の『論語』や『孟子』を直接学ぼうとした復古の儒学思想のことで、国学の誕生にも大きな影響を及ぼしました。

山鹿素行 "国粋主義者の聖典"（1622 ～ 1685、63才没）

　軍学・神道・老荘思想など博学で、古学の立場から官学の朱子学を批判し、孔子の教えの日常実践を説く『聖教要録』を著したために、播磨藩の赤穂に流されたのです。

　中国・明の滅亡と清の建国から、日本の万世一系の皇統を賛美し

た著書『中朝事実』は、世界の中心に日本が位置するとしたので、幕末期と維新期の国粋主義者らの聖典となりました。ちなみに、忠臣蔵の大石内蔵助は、儒学を仁斎に軍学を素行に学びました。

伊藤仁斎 "一元気論を説く"（1627 ～ 1705、78 才没）

　商人出自の朱子学者でしたが、日常の道徳実践を主張する立場から原典の『論語』と『孟子』を尊重し、『中庸』と『大学』を軽視する古義学の儒者となりました。京都・堀川に私塾・古義堂を開いて多くの門人を養成しました。著書『語孟字義』において、朱子学の理気二元論は論孟にはないとし、朱子学の「理」を不要とする一元気論を説きました。

荻生徂徠 "経世済民の儒学者"（1666 ～ 1728、62 才没）

　仁斎の道徳主義に対抗して、社会の安定に貢献する経世済民の儒学者でした。四書よりも六経（五経に楽経を加えたもの）を尊重する蘐園学派は、古代中国の文物と制度を重視する古文辞学派とも言われ、幕府に重用される一方、国学の成立に大きな影響を与えたのです。ちなみに、蘐とは、徂徠塾の土地に自生する忘れな草の名に由来しているとか、なんとオシャレなことでしょう。

伊藤東崖 "仁斎の子"（1670 ～ 1736、66 才没）

　伊藤仁斎の長子。父仁斎の業績をまとめ上げ、それらの解説本を多く出しました。

４．国学

　明の滅亡と清の建国という中国の政変の衝撃を背景に朱子学はゆ

らぎ、儒教の古学派が勢いを増すなか中国由来の儒教各派に対抗して、儒教と仏教の渡来以前の日本古典（古事記・日本書紀・万葉集など）を再評価しようとした江戸中期から後期にかけて一連の学問を国学と言います。

契沖　"万葉集研究の祖"（1640 〜 1701 年、61 才没）

　真言宗の僧侶でありながら、古典学者の歌人として「やまとごころ」を心豊かに詠んだ万葉集の研究書である『万葉代匠記』を著し、近世国学の基盤を作りました。また、多くの古書の注釈と校訂を行い、歴史的かなづかいの制定者でもあるのです。

荷田春満　"古神道をきわめる"（1669 〜 1736 年、67 才没）

　京都・伏見の稲荷神社の神官の息子。家学の神道と歌学を修め、古典研究に勤しんで古神道をきわめ、賀茂真淵を始め多くの弟子を育てました。

賀茂真淵　"万葉集研究の大家"（1697 〜 1769 年、72 才没）

　静岡・浜松の神職の次男で国学者と歌人でもあり、本居宣長などの門下生が多いです。古書と古道の研究書を多く著し、とくに万葉集の研究業績には秀でたものを数多く残しました。

本居宣長　"古事記伝の完成"（1730 〜 1801 年、71 才没）

　契沖の著作に触れ、古学に開眼。賀茂真淵に入門後、35 年かけて『古事記』の注釈書である名著『古事記伝』を完成させました。本文は複数の写本を厳密に校正し作成されたもので、尊皇思想の聖典とされたのです。彼は、朱子学などの硬い「からごころ」よりも

柔かい「やまとごころ」を尊重したかったのです。また、古代日本語の文法研究にも優れた実績を残しています。

塙保己一 “盲目の国学者”（1746 ～ 1821 年、75 才没）

　盲目の国学者で、賀茂真淵にも学びました。子・孫・弟子あげての膨大な古書文献の百科事典的な編纂プロジェクトを自ら設立した和学講談所にて、41 年後に『群書類従』正編として刊行しました（1819 年）。続編は 3 年後の 1822 年に完了しましたが、刊行は 100 年後の 1922 年になったのです。

平田篤胤 “平田神道の国学者”（1776 ～ 1843 年、67 才没）

　本居宣長の『古事記伝』などに啓発されて国学研究に邁進、その成果を直接天皇に献上しました。1841 年に幕府の暦制を批判したことで迫害を受けました。その思想は、キリスト教神学や西洋科学思想を取り入れて、神秘的な復古神道を大成させたこと（平田神道）で、天皇制の絶対神聖化に神学的な根拠を与えるものとなったのです。これは、幕末の尊皇攘夷運動に大きな影響を及ぼし、明治の廃仏毀釈の思想的根拠にもなりました。

5．水戸学

　『大日本史』の編纂過程で水戸藩に成立した学派です。官学の朱子学によりながらも神道と国学を取り入れ、日本史における天皇制の正統性を論証したのです。前期は、藩校の「彰考館」において『大日本史』の編纂を国書にもとづき皇統の整理を行ないました。

　後期は、『大日本史』の編纂を進めつつ、その強烈な尊皇攘夷思想は諸藩の改革派に大きな影響を及ぼし、明治国家の建国理念に大

きな影響を与えたのです。後期の思想家には、藤田幽谷・東湖父子らがいました。

徳川光圀 "おなじみ水戸黄門" （1628 ～ 1700 年、72 才没）

水戸藩の二代目藩主で、先の林羅山・鵞峰父子の『本朝通鑑』を「天皇の祖先は呉（春秋時代）の太白である。」と曲解し、その刊行を停止させるとともに、『大日本史』の修史事業を起こしたとされています。光圀は民政にも尽力したことから、官位の中納言の唐名により水戸黄門の名で親しまれました。

安積澹泊 "『大日本史』の原本を完成" （1656 ～ 1737 年、81 才没）

明の亡命儒者の朱舜水に学んだ朱子学者で、史学に長じて 1720 年に『大日本史』の原本を完成し、幕府に提出しました。

藤田幽谷 "水戸学派の先駆者" （1774 ～ 1826 年、52 才没）

商家生まれの朱子学者で、彰考館において『大日本史』の校訂と清書に当りました。さらに、藩政改革の提言や海防策を論じるなど、後期水戸学派の先駆者となったのです。

藤田東湖 "幽谷の息子" （1806 ～ 1855 年、49 才没）

幽谷の子で、水戸学派の儒学者。「名分論」即ち国家社会の権力秩序の確立ための尊皇攘夷論は、尊皇派志士の指導的役割を果たしたのです。藩政改革や幕府の海防策にも貢献しました。

『大日本史』は、1911 年を以って完成しました。主な特徴は、初の女帝とされたこともあった神功天皇を皇統から除いたこと、大友皇子を 39 代の弘文天皇として加えたこと、そして南朝を正統とし

たことです。

吉田松陰　"草莽崛起_{そうもうくっき}のクーデター"（1830 ～ 1859 年、29 才没）

　長州藩の下級藩士の出自で、山鹿 - 長沼兵学・四書五経・陽明学を学びました。アヘン戦争の清の大敗から西洋兵学の習得のために各地を探訪し、水戸学に触発されたのです。そして外国への渡航を企てるも失敗、投獄されました。出獄後帰郷して「松下村塾にて『孟子』を講義し、維新期活躍の国士を多数育てましたが、幕府外交への反旗から、安政の大獄に連座して刑死しました。29 才の若さでした。

　松陰は、幕末期の幕府の弱体化に清の敗北と列強の外圧強化のもと、幕府に代わる天皇神権の国家建設を構想しました。それは、孟子思想を陽明学的に活用した過激な実践的行動によって実現されるとしたのです。さらには、強力な軍事力で以って侵略の大東亜共栄圏の構想まで夢想しました。松陰の実践的行動案である在野人蜂起の「草莽崛起」（クーデター）論は、門下生からもあまりにも過激すぎるとして拒絶されたので、彼は、門人たちと絶交したと言います。

第4章

「高貴化」への思想家たち

1. 蘭学

　長崎出島の通詞（通訳者）である西川如見は、オランダ人と接することで蘭学の先駆者となり、外国事情を紹介した『華夷通商考』を1695年に著しました。

　鎖国体制のなかでも、自然科学に関する蘭書の漢訳本の輸入は継続していましたが、1720年に徳川吉宗は洋書の輸入を認め、蘭書の翻訳のために青木昆陽らに蘭学を学ばせました。

青木昆陽　"儒学者の通詞"（1698～1769年、71才没）

　儒学者でありながら、徳川吉宗の命によりオランダ通詞からオランダ語を学び、『和蘭話訳』や『和蘭文字略考』を著し、昆陽のオランダ語の知識は『解体新書』の前野良沢に引き継がれました。

　また、凶作時に備える作物としてサツマイモの栽培を普及させたことは、ヨーロッパの飢餓を救ったジャガイモの栽培を彷彿させます。

前野良沢　"医学用語を造語"（1723～1803年、80才没）

　漢方医でありながら、47才で蘭学を志し青木昆陽に学びました。

1771年、杉田玄白らと刑死体の解剖に立会い、蘭書『ターヘル・アナトミア』の精確さに驚き、即刻、同書の翻訳に取りかかったのです。満足な辞書のないなか、「筋肉・神経・精神」などを造語して3年半後の1774年に『解体新書』を出版しましたが、幕府に忖度（そんたく）して自らからは名前を出さなかったのです。

杉田玄白　"解体新書"（1733～1817年、84才没）

　蘭方外科医で、蘭書『ターヘル・アナトミア』を入手し、前野良沢や中川淳庵（じゅんあん）らともに『解体新書』を完成させました。その翻訳の苦労は、晩年の1815年の『蘭学事始（ことはじめ）』でくわしく語られており、科学への日本初の啓発書というべき評価から、1869年に福沢諭吉はこれを刊行して広く読まれました。

　玄白は、蘭学塾の天真楼（てんしんろう）を開き、大槻玄沢など多くの弟子を育てるとともに、多くの医学書を著しました。

本木良永　"日本に地動説を紹介"（1735～94年、59才没）

　長崎のオランダ通詞の蘭学者で、ラテン語にも通じ、『天地二球用法』において、日本で初めてコペルニクスの地動説を紹介しました。

大槻玄沢　"岩手の蘭学者"（1757～1827年、70才没）

　岩手生まれの蘭方医で蘭学者でもありました。玄白と良沢に師事し、二人の文字をとって通称を玄沢としました。蘭学塾である芝蘭（しらん）堂を開き後進を育てるとともに、『蘭学階梯（かいてい）』など著書は300巻を超えたそうです。

稲村三伯 "蘭和辞書を刊行"（1759 ～ 1811 年、52 才没）

　鳥取の生まれの蘭方医で大槻玄沢に学び、蘭人ハルマの『蘭仏辞書』を底本として、宇田川玄随(げんずい)らとともに 13 年費やして日本初の蘭和辞書である大著『波留麻和解(はるまわげ)』を刊行しました。

渡辺崋山 "異国船打払令を批判"（1793 ～ 1841 年、48 才没）

　江戸生まれの蘭学者で画家でもありました。出世して藩政改革や殖産興業に尽力します。

　崋山らは、異国船打払令による 1837 年の米船へのモリソン号事件への砲撃、追放を批判したことで、39 年の「蛮社の獄(ばんしゃ)(ごく)」で連座、投獄されて自殺しました。その後の 50 年には、蘭書翻訳取締令が出されました。

高野長英 "西洋哲学史を紹介"（1804 ～ 1850 年、46 才没）

　岩手・水沢の生まれながら、長崎に留学してシーボルトの鳴滝塾(なるたきじゅく)で医学と蘭学を学びました。蘭学書を翻訳して、古代から近代までの西洋哲学史を日本で初めて紹介したのです。

　また、崋山らとともに「蛮社の獄」で連座・投獄されて火災に乗じ脱獄しました。そして、硝酸で顔を焼いて人相を変えての逃亡生活は、ついには密告されて捕縛死(ほばくし)するという非業の最期で人生を終えたのです。

　しかしながら、死後の 48 年後に名誉が回復され、正四位（位階及び神階における位のひとつ）が贈られたのは喜ばしいことです。出身の水沢では、現在でも郷土の偉人として敬われています。

緒方洪庵 "感染症に貢献"（1810～1863年、53才没）

　岡山生まれの蘭学者で蘭方医でもありました。初め、蘭学者の中天游に医学と蘭学を学び、次いで究理学（現在の物理・化学）を橋本宗吉に弟子入りし、志筑忠雄の『暦象新書』に熱中。その後、江戸の坪井塾の川本公民と終生交友を温めました。

　27才で大坂の瓦町に蘭学塾の適塾を開き、延べ1000人を越える新進気鋭の青年に科学教育を訓育し、そのなかには福沢諭吉や大村益次郎らがいたのです。

　一方、蘭方医としては、日本初の病理学書である『病学通論』を著し、天然痘やコレラの臨床治療にも活躍。これらの貢献が認められて、幕府の奥医師（江戸幕府の医官）のかたわら、西洋医学所の頭取も務めました。

（洋学）

　幕末期、英米露の外圧が強まると国防強化と殖産興業の要請から、西洋（英・仏・独）の学術書と技術書の翻訳が進められました。これを主に担ったのは、藩医や下級藩士そして町医者でした。幕府機関も「蛮書和解御用」（1811年）から「洋学所」（55年）・蛮書調所（57年）・洋書調所（62年）と改組拡充されていったのです。

2．自然・人文科学

　江戸以前からの中国伝来の数学・暦学・本草学などの上に、南蛮や切支丹文物の受容と排斥を経て、江戸時代初期の学術（算術・天文術・暦術・医術・本草学・からくり）は、中期、合理主義（朱子学の理気説）の芽生えから、和蘭・西洋科学を吸収しつつ、後期には、科学（和算・天文学・暦学・医学・博物学・機械術）の様相を呈す

るように進化していきました。これを可能にしたのは、経済の発展と相互関係にある社会教育制度即ち、寺子屋・私塾・藩校・郷校の発展があったのです。こうして、明治以降の日本近代科学の礎が築かれていきました。

渋川春海 "日本天文学の開祖" (1639 ～ 1715 年、76 才没)

　安井算哲の異名を持つお城碁の指導棋士ながら、朱子学にも通じ、関孝和と交流もあって和算にも長けた暦学者でした。1684 年、唐代からの宣明暦の誤差（中国・北京との経度差）を、自らのねばり強い天体観測によって修正した日本初の暦である貞享暦を作成したのです。その年、幕府の初の天文方となり、日本天文学の開祖となりました。

関孝和 "世界レベルの天才数学者" (1642 ？～ 1708 年、64 才没)

　幕府のお納戸役の吟味役でありながら、探究心が旺盛な和算家でした。婿養子の不祥事件による御家断絶により、関係資料が乏しいのが残念です。

　江戸初期のすさまじい産業と経済発展に呼応して、実用的な算術書があふれるなか、暦の精度改善の要請もあり、本格的な数学研究の気運が高まりました。

　関は、吉田光由の名著『塵劫記』から和算を早くからマスターし、中国宋代の数学名著である『算額啓蒙』や『楊輝算法』にヒントを得たようです。

　代数式の解法である天元術は、解法に算木と算盤（平面ソロバン）を使用するために、解は一元（Ｘ）の高次方程式に限定されていたのです。関は、算木の棒数字に傍書（添え字）をつけた変数の

代数式を造り、これを公式的な近似解法で解き、多元（X・Y・Z）高次方程式の解法に初めて成功しました。これにより、従来の天元術では難問とされた「遺題」群の解法を示しました（1674年の『発微算法』）。さらには、暦の精度改善のために11桁の円周率も残しました。

　これらは、当時の世界的なレベルのものであり、関が天才学者と言われる所以です。次いで、建部賢弘などの有能な弟子は関学を大成させて、関流は和算学の主流となったのです。なお、「遺題」とは、解けない問題を書籍や神社の絵馬などで、他者に託すという科学的なすばらしい日本的な当時の習慣でした。

三浦梅園　"反観合一の弁証法"（1723～1789年、66才没）
　大分・国東生まれの町医者で、万物の存在と変化に疑問を持つことを大切にしました。若くして、麻田剛立に天文学を学び、清代の西洋科学書に親しみました。
　生涯、自然現象の認識論に挑み、陰と陽の相対的な対立を観察と考察によって止揚させて、合一に到達するという「反観合一」の弁証法的手法に日本で初めて到達した哲学者だったのです。
　梅園は、この弁証法的手法を「条理学」と称し、著書『玄語』の完成（1775年）が、ヘーゲルの弁証法の『精神現象学』（1807年）より前だったのは興味深いものがあります。

麻田剛立　"日本最古の月面図"（1734～1799年、65才没）
　大分・杵築の生まれ。中国医書の『傷寒論』や暦書の『崇禎暦書』などを読み、独学で医学と天文学を学びました。脱藩後、大坂で私塾の先事館を開き、望遠鏡を改良して天文観測に実績を上げました。

なかでも、オランダ製の高倍率のグレゴリー式望遠鏡を使用して日本最古の月面図を作成し、クレーターの一つに「アサダ」の名を残したことです。ほかにも、太陽黒点や木星衛星、土星環の観測も行ないました。

　理論では、ケプラーの第三法則を発案したとありますが、真偽は定かではありません。塾生には高橋至時・山片蟠桃・間重富ら、交流は、同郷の三浦梅園のほか大坂の懐徳堂の中井竹山・履軒兄弟などの文化人がおり、日本科学の発展への功績は大きいものがあります。

伊能忠敬　"精確無比な日本地図"（1745 ～ 1818 年、73 才没）

　千葉・山武の生まれで、佐原の養家の伊能家をたて直して、47才で隠居します。若い頃から測量や暦学への関心が高じて本格的な研究を開始の折、縁あって幕府天文方の高橋至時に弟子入りし、熱心に測量と天体観測を学びました。

　折しも、北方においてロシアの圧力が強まり、幕府は蝦夷地の精確な地図作成に迫られました。忠敬は、測量技術・指導力・財力・人格を見込まれて、以後 17 年間に渡り全国に及ぶ地図作成事業を開始したのです。

　彼は、測量の精度を上げる科学的な工夫をこらして、緯度 1 度が28.2 里（110km）であることを示し、これは、西洋の天文書『ラランデ暦書』のものと一致（至時が検算）したのです。

　こうした努力から、伊能図は高精度のものとなって、死後の1821 年に大日本沿海輿地全図として完成したのです。伊能図は、なんと衛星画像の日本列島の輪郭線と重なるのです。

志筑忠雄(しづき)　"物理用語を日本語に"（1760 ～ 1806 年、46 才没）

　幼少にて長崎通詞家(つうじ)の養子となり、蘭学者である本木良永にオランダ語を学びました。良永の訳書『天地二球用法』のコペルニクス地動説に心酔し、通詞職を辞任後、英人の物理学者キールの『自然学入門』の蘭書を翻訳して 1802 年に『暦象新書』を出版しました。

　同書は、コペルニクス天文学やニュートン力学や光学に関して、「重力・引力・遠心力・分子」などを苦労の末造語し、かつ自説を補完しての日本で初めて紹介した画期的な書です。

　従来、日本にはなかった物理的な概念を日本語にした功績は計り知れないものがあり、忠雄は東洋初のニュートン主義の科学者と言われました。彼が偉大な点は、西洋科学の単なる移入に止まらず、その根本的な理解を、伝統的な朱子学思想に求めたことではないでしょうか。ちなみに、彼は、「鎖国」や「植民」と言う訳語の創出者でもあったのです。

華岡青洲(せいしゅう)　"乳がん治療に命をかける"（1760 ～ 1835 年、76 才没）

　現在の和歌山・紀の川市にて、村医者の華岡直道の長男として生まれました。若くして、京都にて漢方医学と蘭方医学を学び、乳がんの治療法に興味を持ったのです。帰郷後は、後漢の漢方医・華佗(かだ)にヒントを得て、麻酔薬の研究に没頭し全身麻酔薬「通仙散」の開発に成功します。その動物実験後、実母と愛妻の人体実験（彼女らの申し出によるものとか、母の死と妻の失明）を経て、「通仙散」を用いて 60 才の老婆の乳がん手術に成功しました（1804 年 11 月）。全身麻酔薬を用いた外科手術の成功は世界初の快挙と言われています。ちなみに、アメリカでの成功は 1846 年でした。

　青洲は、藩医を務めながら医塾の春林軒を設け、1000 人以上の

弟子に「活物窮理」の実証主義と医師のモラルを厳しく指導しました。彼の功績は認められて、1919年に正五位を追贈、52年には米国外科の栄誉館に表彰されたのです。

橋本宗吉　"実験電気学の祖"（1763 ～ 1836年、73才没）

　大坂の傘屋（かさや）の優秀な紋書き（もんがき）職人（デザイナー）で、抜群の記憶力を蘭方医の小石元俊に認められて、天文学者の間重富と麻田剛立に紹介されました。

　小石と間は、宗吉を江戸蘭学の大槻玄沢の芝蘭堂に遊学させました。期待通り宗吉はすさまじい能力を発揮し、待望の蘭書翻訳書の『蘭科内外三法方典』『西洋医事集成宝函』などを著したのです。一方では、興味のある電気学関係の『エレキテル訳説』を翻訳して、その中身に関して実験装置を製作し、検証実験を試みました。なかでも、フランクリンの落雷実験にならって、弟子の喜久太が実験に成功したことも含めて、日本初の電気実験書である『阿蘭陀始制（おらんだ）エレキテル究理原（きゅうり）』を著したのです。

　宗吉は未知なる電気現象に関して、実験を繰り返すことで理解しようとしたので、実験電気学の祖と言えるでしょう。

高橋至時　"ラランデ暦書管見"（1764 ～ 1804年、40才没）

　大坂の定番同心（どうしん）（警察官）でありながら、幼少より理数にすぐれていて、最新の天文暦学を麻田剛立の私塾である先事館で学びました。その後、塾友の間重富とともに幕府の天文方となり天文観測を実施しつつ、最新の天文学を基についに「寛政暦」を完成させました（1797年）。また、門人の伊能忠敬の日本地図の完成に天文方として多大なる支援を行ないました。

闘病生活のなか、死力を尽くして大著『ラランデ暦書管見』を著し、40才の若さで生涯を閉じました。ここに初めて、日本の天文暦学は中国のそれを超えたのです。

ちなみに、至時は、地球が縦に扁平な楕円球体である（赤道に近いほど1緯度の距離は短くなる）ことや、水金火木土5星の軌道半径を高精度で求めた初めての日本人でもあったのです。

国友一貫斎 "天文学者の先駆け"（1778 ～ 1840 年、62 才没）

滋賀・長浜の御用鉄砲鍛冶の年寄脇の家に生まれ、九代・国友藤兵衛（号は一貫斎）を襲名しました。腕がよいことから彦根藩の御用掛になったことで、幕府を巻き込んだ一大騒動（彦根事件）に発展します。6年後、一貫斎は年寄らに勝訴します。この間の異分野の人々との交流が彼の視野を広げました。

1818 年、一貫斎は前老中の松平定信の依頼を受け、鉄砲の製作マニュアル『大小御鉄炮張立製作』を刊行しました。これは、従来は家伝扱いのものを公開することであり、ロシアへの国防意識の高まりによるものでした。この後、彼は、オランダ製の空気銃を改良した高性能の気砲を開発し、その際、日本で初めて空気の重さを測定したとか。また、伝統の魔鏡技術により、高性能の反射望遠鏡の製作に成功し、これを活用して月面や土星環、木星縞そして 150 日連日の黒点観測も行なって、先駆的な天文学者となったのです。

宇田川榕菴 "近代科学のパイオニア"（1798 ～ 1846 年、48 才没）

大垣藩（現在の岐阜県大垣市）の江戸詰め医の長男で、養子に出されて岡山・津山藩の江戸詰め医となり、幕府の「蛮書和解御用」（洋書の翻訳掛）に任ぜられました。業績は多岐にわたり、総じて日本

の近代科学のパイオニアと言えます。

医書の訳本としては『遠西医方名物考』など、生活百科全書としては『厚生新編』があります。すぐれものは植物学書と化学書の訳本ですが、その記述内容につき可能なかぎり実証実験を試みていることは、稲菴が科学者であったことを示しています。

植物書の『植学啓原』は、リンネ分類法（生物を種・綱・目・属の順に分類）にもとづく西洋植物学の紹介本で、「細胞・花粉・気孔」などの造語を行いました。化学書の『舎密開宗』は、ラボアジェの化学論（燃焼は酸化反応で質量は保存される）を述べ、ボルタの電池を用いて水の電気分解などを行なうなど、「元素・酸素・水素・酸化・還元」などを造語しました。

ちなみに、稲菴はコーヒーを好んで、その訳語に初めて「珈琲」をあてたとか。

川本幸民　"日本の近代化学の祖"（1810～1871年、61才没）

摂津・三田（現在の兵庫県・三田市）の藩医の生まれで、漢方と蘭方医学を学び江戸で開業しますが、刃傷事件を起して五か年の謹慎・蟄居処分（現在の禁固刑に相当）を受けました。

この間、幸民は義父・青地林蔵の漢文の『気海観瀾』の改訂に取り組むことで物理学を、宇田川稲菴の『舎密開宗』で化学を深く学んだのです。

1851年の改訂書の『気海観瀾広義』は、『気海観瀾』の気性に止まらず物性の運動・熱学・光学・電気・磁気・潮汐など、原書の全てに関して平易な和文で著したので、広く読まれその影響は大きかったのです。

また、薩摩藩士向けの西洋技術講義録である『遠西奇器述』は、

蒸気船・写真術・電信術などの仕組みをわかりやすく述べたので、飛ぶように売れたと言います。薩摩藩は本書を参考にして54年に洋式軍艦・昇平丸、56年には初の蒸気船・雲行丸を建造しました。これを見て、列強諸国は日本の植民化を断念したとも伝えられています。

そして、幸民はドイツの最新の化学書をまとめた名著『化学新書』を著し、初めて「舎密」に代わる「化学」や「蛋白・合成」などを造語したので、日本の近代化学の祖と言われました。

ほかには、ビールの醸造・銀板 - 湿坂写真・電信機・英語教育なども手てがけました。59年に幕府の蛮書調所、62年に洋書調所の教授にも任命されたのです。

3. 啓蒙実学

啓蒙実学は、封建制度の多くの問題の解決策として、人の知的レベルを上げる啓蒙学に加えて、人の体と心の健康維持や産業の生産性を上げる実学とからなります。

啓蒙学としては、朱子学の合理主義を西洋のそれに止揚してのヘーゲル的弁証法から無神論まであります。一方の実学としては、本草学（薬学）・健康法・道徳論・生活改善・農地の測量・農法の改良・商業計算などがあり、経世学においては海外の国土の拡張論まで展開する者も現れました。

そしてこれらは共通に、帰納法的に現物の観察・分類・整理という科学的なプロセスをたどりました。興味深いことにこのプロセスは、朱子学の理気説の格物究理の思考論理にも通ずるものでもあったのです。

貝原益軒　“日本科学の萌芽”（1630 ～ 1714 年、84 才没）

　博多生まれの益軒は兄から四書を、父からは医書を学び、朱子の『近思録』を熟読しました。その後、藩命で上洛（京都に入ること）し、朱子学者の木下順庵らと交友しました。

　彼は、福岡藩医で藩儒の朱子学者でありながら、朱子の理気説に終生疑問を抱き、その理と気は一つのものとした気一元論を著書『大疑録』において主張しました（没年の 84 才）。

　著書の『益軒十訓』『養生訓』『女大学』などは、儒学が教える人生訓を平易な和文で書いたもので、江戸初期の安定期を反映しての民心の幸福を願ったものです。

　また、彼は全てに疑いの心を持ちながらも、身近な植物群の存在は疑問の余地のない確かなものとしました。そして、著書の『大和本草』では、中国・明の『本草綱目』を超えた博物学的特徴を持つ名著となったのです。これは、四書の一つである『中庸』が述べる学問の進め方、即ち、「学び・考え・整理する」ことを本草学に適用した成果であり、日本科学の萌芽の一例とされています。

宮崎安貞　“食糧増産の鑑”（1623 ～ 1697 年、74 才没）

　福岡藩退職後の農学者で著書の『農業全書』は、日本の農作物の栽培法などを明の徐光啓の『農政全書』にならって、益軒らの激励のもとにまとめ上げたもので、広く農業書の手本とされました。

　彼は実際に村民とともに開墾農業を営み、その農業興産の実績は、江戸初期の爆発的な人口増を支えた食糧増産の鑑となったのです。

新井白石　“初めての人文科学者”（1657 ～ 1725 年、68 才没）

　青春の 17 才時、中江藤樹の『翁問答』を熟読し、人生の重き使

命に覚醒しました。その後は、朱子学者の木下順庵に経学の合理主義を学びその学徒となり、縁あって、幕政改革（正徳の治）を断行した朱子学者の唯一の政治家として活躍しました。

彼は、合理性と実証を重んじる政務のかたわら、歴史・地理・国語・兵学・詩文など百科全書的な才能を発揮した天才でもあったのです。とくに、著書の『古史通』では、不明なことはそのままに、資料は選別すべきこと、さらに研究は古代言語によるべきなど科学的に研究することの重要性を説きました。そこでは、古代神話の神は人であるとしたほか、記紀は権力者の歴史書とすべきという持論は、白石の合理的理解に斬新さを与えました。

当時、水戸学派が『大日本史』の編纂にあたたって、三韓（古代朝鮮の王国)の歴史書を参照していないことを批判しました。また、イタリア人の潜入宣教師シドッチ（旧教カトリック）との面談において、白石は彼が語る世界事情に多くを学びつつ、「極刑も辞せず」との渡来決意に感涙するヒューマニストでもあったのです。

一方では、オランダ商館長（新教プロテスタント）との面談も4回行ない、新・旧教のバランスを取る合理主義者でもありました。

彼らからの情報と西洋地理書の漢訳書から、当時の世界の最新事情を伝える『西洋紀聞』（明治になって公刊）やベストセラーとなった『采覧異言』を著したのです。人気の『采覧異言』は、洋学の到来を切望する発端となったとも。

ちなみに、彼はキリスト教の教義に関しては、将軍と神とに仕える矛盾から懐疑的でした。なお、白石は、漢字表記に比べて南蛮文字のアルファベット表記の優越性を認めた最初の日本人でした。この認識は正鵠（急所）を得ており、南蛮人が持参した活字印刷術が漢字ゆえにすぐに途絶えたことからも納得できます。白石は、初め

ての人文科学者と言えるでしょう。

富永仲基 "仏・儒・神の批判者"（1715 ～ 1746 年、31 才没）

　大坂の町人思想家で、官許の「懐徳堂」の合理主義と無鬼神論の学風に立ち、若くして『翁の文』や『出定後語』を著して、仏教・儒教・神道を批判しました。

　仲基は、仏典研究からその時間的・空間的不合理さと、仏典の「加上」的なあいまいさが許せなかったのです。「加上」とは、ブッダの後継各派による教義のご都合主義的なつけ加えで、大乗経典ができたとするものです。

　彼は、「加上」論を儒教や神道にも適用しつつ、古典研究の理論的手法を初めて考察した人文科学的な人物なのです。また、比較文化人類学的な発想として、インドは空想的で神秘的、中国は修辞的（言葉巧みに誇張）、日本は隠蔽的（かくしたがる）と評した個性的存在でもありました。

平賀源内 "多彩な発明家"（1728 ～ 1780 年、52 才没）

　高松藩の足軽（武家で、ふだんは雑役に従い戦時には兵卒となった者）の子で、利発な少年期から本草学・医術・儒学・蘭語などを学び各種の殖産事業に挑みました。その心意気は、新事業を起して国を豊かにすることでした。

　彼の事業は、日本初の産物交換会の開催や鉱物採掘・製陶・毛織物・エレキテル活用などに展開しました。産物交換会の成果は、1863 年の著書『物類品隲』にまとめられ、高価な輸入品であった朝鮮人参の栽培法や砂糖製造法も含まれていたのです。一方では、文芸と絵画の才能もあって数多くの作品を残しました。彼はまちがって人

を斬り、最期は投獄され獄死したのです。

本多利明　"市井の征韓論者"（1743～1821年、78才没）

越後生まれの市井の数学者で、経済が済民する（民を救う）とい
う経世家でもありました。

商業資本主義の発展によって商家は栄える一方、天明の飢饉も
あって農村の疲弊はひどい現状でした。そこで、殖産興業の立場か
ら国を開いて、蝦夷地（現在の北海道）からカムチャッカそして大
陸まで視野に入れ、武力の行使もいとわない植民地政策を構想しま
した。幕府は採用しませんでしたが、明治政府は征韓論を唱え始め
たのです。

山片蟠桃　"日本初の無神論者"（1748～1821年、73才没）

兵庫・高砂の富農の出自で大坂の米相場商人として成功し、困窮
する諸藩の財政改革で実績をあげました。また、「懐徳堂」の中井
竹山に朱子学を、麻田剛立に天文学や蘭学を学んだ科学思想家でも
ありました。志筑忠雄の『暦象新書』から地動説・太陽系・万有引
力などを学び、『夢の代』を著しました。そこでは、唯物論的立場
から古事記と日本書紀を空虚とし批判、本居宣長の『古事記伝』も
牽強付会（こじつけ）であるとして、日本神国論も否定するなど特
異な持論を展開したのです。そして、唯物論の人生観から日本初の
無神論者となって、鬼神・卜占などの非科学的なものをことごとく
否定しました。

海保青陵　"元祖・経営コンサルタント"（1755～1817年、62才没）

江戸生まれの儒学者で経世家、現在でいう経営コンサルタントの

先駆者でした。蘭学者から西洋の合理主義を学び、従来の封建的価値観を否定し利益を追求する商道徳を主張しました。

佐藤信淵（のぶひろ）　"極右思想の先駆け"（1769 ～ 1850 年、81 才没）

　秋田・羽後（うご）生まれの本業は医師で、経世家・農学者・兵学者でもありました。学んだ領域は医術・儒学・国学・神道・本草学・蘭学・天文学など実に多岐にわたり、これらに関連する実学書を数多く著しました。

　思想的には平田神学に心酔し、日本は世界の頂点に立つ国ととらえ、その支配地を満州・朝鮮・中国へと武力をもって拡大していくべきと説いたのです。そのためには、国内は天皇を中心とする絶対主義国家にすべきとしました。

　この思想は、第二次世界大戦時における大東亜共栄圏構想の極右思想の先駆けとなり、昭和の 5・15、2・26 事件の若手将校ら（バックは、A 級戦犯の大川周明）に歓迎されたのです。

佐久間象山　"愛国の朱子学者"（1811 ～ 1864 年、53 才没）

　長野・松代藩出自の進歩的な朱子学者で、その格物究理の精神を尊重しつつ、西洋技術を旺盛に学び、数学の重要性を説きました。アヘン戦争の衝撃から国防力を高めるために、蘭書を翻訳して西洋砲学を習得し、吉田松陰や坂本龍馬らに伝授したのです。

　象山は、松陰がペリーの黒船への密航を教唆（きょうさ）した（勧めた）として松陰とともに投獄されました。その上、鎖国を解いて西洋との交流を深めることの国益を強調したので、攘夷派によって暗殺されたのです。

赤松小三郎　"初の民主憲法草案"（1831 ～ 1867 年、36 才没）

　　長野・上田藩出自の兵学者で、維新前の先進的な政治思想家でも
ありましたが、長らく埋もれていて最近再評価され始めました。彼
は、蘭式兵学を捨て最新の英式兵学へと乗り換えて、薩摩藩の軍事
顧問として活躍しました。門下生のなかには東郷平八郎ほか 800 人
もいたとか。

　　一方では 1864 年頃から、英語書物と福沢諭吉の『写本西洋事情』
の研究から、新政権及びその憲法草案の構想を練り始めました。67
年には、福井藩主である松平春嶽に対して憲法草案とも言うべき「御
改正之一二端奉申上候口上書」を提出します。そして、島津久光と
幕府にも同様の建白書を提出しました。

　　その中身は、貴族院と衆議院の二院制議会・普通選挙制・議院内
閣制・人民平等などの民主憲法草案とも言うべきものであったので
す。残念なことに、赤松の薩幕一和の政権構想が薩摩藩のものと
は相容れないことから、67 年薩摩藩士によって暗殺されたのです。
ちなみに、後年の日露戦争での日本陸軍の勝利は、赤松の英式軍制
にその遠因があったとされ、57 年後の 1924 年に従五位が贈られた
のです。

4．庶民思想

　　庶民思想の範囲は、西洋思想の影響化のもと、在来の神・仏・儒
の総取りであったり、農民への厳しい搾取への怒りだったりします。
そこには、階級を超えた人間の尊厳の息吹や民主主義の主張も散見
され、原・民主主義の萌芽を見るものでありました。

西川如見　"四民・男女平等"（1648 〜 1724 年、76 才没）

　長崎の商家の出自で、朱子学や天文学・地理学・洋学などを広く学び博学の天文学者となったのです。イエズス会士のマテオ.リッチの漢訳本を読んだとも言われています。71 才の時は、江戸に赴いて将軍吉宗の天文に関する下問に答えたということです。

　著書には、通詞からの情報をまとめた世界地誌の紹介書『華夷通商考』があります。著書『町人嚢』では、「畢竟（要するに）人間は根本の所に尊卑有べき理なし」と断言して、階級否定の四民平等と人間の尊厳を主張したのです。

　また『農民嚢』では、男女平等と一夫一婦制を説きました。そして如見は、人は皆その道を高めるために学ぶことを強調するとともに、迷信や不合理な習俗を否定したのです。この斬新な主張は、当時の人々に好感をもって迎えられたそうです。

石田梅岩　"商人の社会的責任"（1685 〜 1744 年、59 才没）

　京都・亀岡の生まれで、商家の奉公に励みながら儒教・仏教・神道を学び、それらを融合させた商人の実践道徳である「石門心学」を説きました。

　弟子たちは、関西を中心として全国の百数十か所の「心学講舎」を開いて、商行為の社会的責任の主張は、今日においても重要な意味を有しています。

安藤昌益　"江戸のアナーキスト"（1703 〜 1762 年、59 才没）

　秋田の生まれの町医者ながら、特異な思想・哲学者でもありました。昌益は、東北の冷害の上に飢饉もあってひどく、貧しい農民に日々接してのことか、封建制度とそれを支える諸思想を厳しく否定

しました（ルソーの思想に共通するものがあります）。

　さらには、オランダ事情を耳にして、農本主義・四民平等・男女平等・無政府主義などを主張し、極左のアナーキズムかと思える『自然真営道』を著作しました。

　彼の思想は、ピューリタン革命時のディッガーズの乱（1649 年）を指導したウィンスタンリーやフランス革命末期のバブーフに類する共産主義の源流とも言えるものなのか？

　駐日カナダ大使であったハーバート．ノーマンの著書『忘れられた思想家・安藤昌益のこと』（1950 年）によって世界に知られるようになったのです。

二宮尊徳　"富国安民の報徳思想"（1787 ～ 1856 年、69 才没）

　静岡・小田原の農民出自の農政事業家となって、関東各地の荒廃農村の復興事業で多くの実績を上げ、ついには経世思想家に大成しました。

　彼は、少年期の負薪（ふしん）読書の金次郎像、没後は報徳二宮神社に祀（まつ）られ尊敬されました。至誠・分度・推譲（すいじょう）・勤労によって富国安民を図ろうとする尊徳の報徳思想は、明治政府の人民統治に好都合なので、明治 16（1883）年宮内省より『報徳記』（編者は娘婿（むこ）の富田高慶）として出版されました。ついで、明治 37（1904）年以降は、国定教科書の修身の好教材として取り上げられ、小学唱歌『二宮金次郎』が歌われました。その後も、戦後まで日本人の思想善導の役割を果たしたのです。分度とは身の程に応じた生活すること、推譲とは農村共助の思いから財や地位を快く譲ることです。

5.「高貴化」の人物

　人格の「高貴化」とは、自然・社会・人文科学を学ぶことで高まった知性が愛と正義に支えられて、社会の安寧や進歩に寄与できる状態であることを指しています。上述の大勢の人物紹介のなかから、これに相応しい人物を4名も挙げることができたことはすばらしい発見です。

・貝原益軒は朱子学の医者で、博物学書の『大和本草』を著した自然と人文科学者でもありました。また、人々が幸せに生きることを願っての健康書『養生訓』や教訓書『女大学』などを平易な和文で書き残し、これらはながく愛読されたのです。

・西川如見は、オランダ通詞として西洋事情に詳しいだけでなく、広く学んですぐれた天文学者となり、将軍吉宗の下問にも答えました。著書の『町人嚢』では、四民の平等・人間の尊厳・迷信の否定、『農民嚢』では、男女の平等・一夫一婦制など、当時としては驚異的な見解を述べています。

・新井白石は、朱子学出自の政治家でありながら、人文科学者の側面を持ち、国学派に対して日本古代史の研究は科学的であるべきと主張しました。また、世界事情を興味深く紹介した『采覧異言』は多くの人の目を世界に向けさせたのです。

・緒方洪庵は、医学・物理学・天文学などを広く学び、蘭学塾の適塾にて福沢諭吉など多くの有能な弟子を育てました。また、日本初の病理学書である『病学通論』を著した医学者として、天然痘治療の種痘の普及に心血を注いで奮闘したのです。

　洪庵48才の1858年のコレラ流行時には、『虎狼痢治準』を急遽出版し、初動治療の重要性を医師団に訴え、終息化に成功しました。

まとめ

　以上、江戸時代の思想潮流の思想家たちを年代順に追うことで、それぞれの思想家のすばらしい業績とそれら相互の関連性を具体的に明らかにできました。

　こうしてみると、江戸の後半は封建制と言われながらも随分と自由な世であったようです。これは、中国の政変や西洋からの遅れに対する危機感によるものなのか。あるいは、次の時代の到来を予感しての使命感によるものか。いずれにしても、旺盛な探求心から生れた多様で斬新な諸思想の展開は、正しく百花繚乱の輝きに結実したのでした。

　このことは、同時期の中国・清朝との対比において日本の優位性が明確に確認されます。その後、この思想潮流は、明治以降現代に至るまでどう展開してきたかを示しましょう。さらには、近未来に向けての展望と、そのカギとなるであろう「科学力」の重要性を強調したいと考えます。

第5章

二つの潮流のせめぎ合い

1. 二つの潮流の歴史

　徳川幕府は、朱子学を官学とすることで封建制の維持を図りますが、商業主義の成長によって制度矛盾が深まり、朱子学は修正されて陽明学や古学派へと展開しましたが、閉塞感は否めなかったのです。そこで、思想的には、仏教の衰退・キリスト教の禁教・中国の政変を背景に、朱子学は二つの潮流に分岐していくのです（表2を見てください）。

　一つの潮流は、朱子学を批判する古学派から、「やまとごころ」を尊重する国学派が生まれ「日本は、神国なり」に到達し、その理論的根拠を求めて記紀研究から尊皇攘夷・国家神道・天皇神権制に突入していった潮流です。これは、間違いなく、欧米に抗する統一国家・明治の誕生に貢献したのです。

　もう一つの潮流は、封建制の制度矛盾の解決策を、朱子学の格物究理と西洋科学の合理主義から啓蒙実学・庶民思想・江戸科学に求める潮流です。これらから、人権尊重の多様な庶民思想が生まれ、日本の民主主義の幼木（原・民主主義）が芽生えていった潮流です。これは、将来の日本の民主主義社会の礎を築くものであったと言えます。

２．同時期の日本と中国

　日本は、単一民族国家のもとでの高い識字率（寺子屋普及による40％程度）・中国清の建国と明の滅亡による儒学の低迷と分岐・百花繚乱の思想闘争・国学と神道の台頭・アヘン戦争の衝撃・尊皇攘夷・倒幕開港などを経て、1868年に明治維新となり、天皇主権の絶対主義国家の建国への道をたどりました。

　中国は、多民族国家の下での低い識字率（10％以下）・清朝は満州族・儒学の迷走・イギリスのアヘン密輸とその蔓延による民度の低下・重税による農民の極貧化・アヘン戦争の敗北（1842年）や列強の侵略・太平天国の乱（1850～64年）など、まさに亡国状態への道をたどりました。やっと、1911年の辛亥革命にて清朝は滅び共和国の誕生を見ますが、すぐに崩壊して混乱状態になったのです（芥川の『上海游記』やTV番組『ストレンジャー』(2019.12.30 NHK放映）などが参考になります）。

　ちなみに、上記の「重税による農民の極貧化」とは、アヘン代金として膨大な銀の国外流出によって高騰を招き、銅貨との交換比率が著しく上がって、収入は銅貨で得て、納税は銀貨で納めるという農民の税負担が2.5倍以上になったことによるものでした。これが原因で、農民の極貧化を招き、中国の識字率は日本に比べて著しく低いものとなったのです。

　要するに、中国は西洋列強の野望に対処できずに侵略を許したのに対して、日本は結束してそれを許さず、近代化に成功したのでした。

３．明治以降の二つの潮流
① 一つ目は、大日本帝国憲法下での天皇主権国家・民族国粋主義・

大東亜共栄圏構想・帝国・軍国主義・日清 - 日露戦争の勝利の後、第二次世界大戦の大敗北で消滅してしまった潮流。しかしながら、平成から令和への皇室の復古の儀式は、古代神話を彷彿とさせるものでした。

② 二つ目は、江戸末期の民主主義の幼木は、維新前後の自由民権運動から大正デモクラシーの若木へと成長しますが、昭和に入ると戦争の嵐にさらされ枝葉は落ちました。そして戦後の日本国憲法下で若木の枝葉は蘇り、民主化の春風にそよいだ潮流です。

③ 現在は、上記の①の潮流の復興を策謀する勢力と、②の潮流を発展させる勢力とのせめぎ合いになっています。

第6章

科学が君を「高貴化」へ導く

1．君の「高貴化」を願って

　君の人生を「高貴化」するには、君が神仏にたよることなく自分が主人公であるという自覚のもとに、君の人生に責任を持ち、その生涯に渡って自由に学びつつ、世界平和と人の尊厳、そして心の豊かさを求めていくことでしょうか。

　君を高貴化する「知性」は、愛と正義に支えられた真の科学的素養によって育まれると思います。そもそも、人類の進歩は、その「知性」の成長に見合うものです。

2．科学がもたらすもの

　科学がもたらす幸せとはなにか？　それは、人類が古代ギリシアと中国から江戸を経て現代まで営々として、わからないことをわかろうとしてきたあるいは、できないことをできるようにしてきた努力への敬意、そしてわかった時の喜びと出来た時の喜びでしょうか。

　それまでは、わからないことによる不安や恐怖がありましたが、わかったことでそれらから解放された喜びです。不安や恐怖のよい例は、雷であったり当時の不治の病であったり。うれしいことに、間違いなく科学は、人類を賢く豊かにさせてきたのです。これから

は、科学は疑似科学を見破り、フェイクニュースを見抜く有力なツールとなるでしょう。

3．科学は人の「知性」を高める

　科学は、日々進歩しており、この成果を武器にすることで人の「知性」を高めることができます。これは、人類史の先端に立つ現代人の喜びであり責任でもあり特権でもあるのです。

　人類の長い歴史を見ても、人を愛し、善の心で接し、美を尊ぶといった人の性状はさして変わらないように思えますが、自然と社会と人間を正しく認識し理解する「科学力」は、時代とともに進化の速度を速めています。この「科学力」が人の「知性」を高めることで、人と社会の「高貴化」をもたらし、これが、社会問題を合理的で民主的に解決していく原動力になっていくのです。例えれば、これは、民主主義の幼木を大樹に育てる栄養素と見なせるものでしょう。

　しかしながら、これを良しとしない勢力の政権は、子どもの個性をうばう企業戦士養成の教育を押しつけて、彼らをつめ込みの受験戦争にかり立て、いわゆる「勉強ぎらい」に至らしめています。そして、血液型占い・星占い・超常現象・スピリチュアリズムなどの非科学的な遊びに浸らせ、いわゆる「科学ぎらい」へと誘導するのです。即ち、これは人と社会の「高貴化」を阻んでいるとも言えます。

　したがって、科学愛好は、それを良しとしない勢力との闘いでもあるのです。幸せを願うならば、新しい科学の成果を楽しく学び、賢くなりましょう！　それには、自ら科学を学ぶとともに科学愛好者と仲良くなること、逆に科学者はその社会的責任から人々にやさしく接し、おもしろく解説することが大切です。むろん、教員・科学記者・編集者の果たす役割が大きいことは言うまでもありません。

たしかに、古代より戦争に勝利するための科学的研究が推進され、その成果の悪用事例は広島と長崎の原爆投下を典型としました。今後は加えて、AI（人工知能）が戦争への悪用に及ぶことはとっても心配です。公害被害・温暖化被害・原発事故被害などは、いずれも目先の利益追求が優先しての科学的成果の無視なのです。

　しかしながら、これらは本来、科学のせいではなく悪用若しくは無視であって、その社会の後進性によるものです。したがって、科学的成果を十分に正しく活かすことは、人間の我欲や戦争をなくす社会の「高貴化」を願う闘いでもあるのです。

第7章

AIの活用で幸せになろう

　ここ数年、情報科学の最先端のAI（人工知能）の社会的な展開はすさまじく、人は追いやられるのではないかとの心配もあります。しかしながら、AIは人が作ったものですから人を幸せにするものであってほしいのです。ここで、AIの活用でひどすぎる格差を是正する有力な手段となる一つの提案をしましょう。

1．AIで知的資本を獲得

①　AIアプリケーションの活用によって、考案物の発信力のパワーはかつてなく強力になっており、君が有能な仲間（同志）を募れば才能の領域はさらに広がって、君らのパワーはますます強化されると思います。

②　君たちは、その考案物の知的所有権を獲得することで、知的資本（インテリジェンス・キャピタル）を保有したことになるわけです。これは、明らかに生産手段の社会化の一形態を示しており、マルクスの熱望を満たすものです。

③　そのためには、君らは考案物を既存の工業所有権（商標・意匠・実用新案・特許）にて権利化したものを企業に売込み、その利益を仲間同士で上手に分配します。あるいは、クラウドファンディング

（ネット資金）の融資を受けて起業化してもよいのです。

④　国は既存の工業所有権とは別に、新たな個人出願の「生活新案権」を創設し、これの権利化を支援しつつ、その認定条件を広げ緩めます。

⑤　これを受けて、国は出願後企業などに売れなかった「生活新案権」に対して、将来は価値を生むであろう全ての権利を買い取ります。これは、国が、意欲ある君らに既存の生活保護費などとは別枠の「基礎所得」（ベイシックインカム、以下 BI）を支給することになるわけです。一方、国は、BI と融資起業によって自立した君らからの納税が期待できます。これはまた、君ら若者の引きこもり・犯罪・自殺などを減らす効果を生むでしょう。

⑥　知的資本によって企業からの利益を、もしくは国から BI を獲得した君らは、余暇を勉学・AI 学習・創作・ボランティア活動などに費やして、これらからのアイディアレポートを権利化して、売りに出します。

⑦　こうして、AI は君らから危険労働・重労働・長時間労働を解放して、いわゆるブラック企業は消滅していくという明るい近未来を招来するものとなるでしょう。

⑧　以上の措置には大きな財源が必要です。それは、国内の巨大企業と富裕層からの応分負担による納税と、国内で巨利をあげている多国籍企業群の GAFA らの適正な納税で賄えます。また、過剰な軍事費の削減からも確保できます。

２．行政がやるべきこと

①　国は、ベイシックインカム（BI）制度を創設する。

②　新たな知的所有権の「生活新案権」を設け、その認定条件を広

げ緩める。

③　国は、以下の「3．有用アイディアのジャンル」に示す有用ア
イディアを「生活新案権」に高める弁理士などを配置します。

④　国は、「生活新案権」対象の有用アイディアのジャンルを設定
します。ジャンルとその中身はさまざまですが、AIアプリなどを
活用すればよいものが生まれるでしょう。

⑤　「生活新案」の出願資格は、企業等に属さない所得制限付きの
個人に限定します。

3．有用アイディアのジャンル

①　災害防止のアイディア

②　ニューデザイン・ファッション・レシピ・家事工夫アイディア

③　各種の文芸作品・趣味領域の新技能・新技術・新発見

④　スポーツ記録（中高生徒・大学生・社会人レベルの優秀記録）

⑤　レジャースタイル・ゲーム・動画・アニメ

⑥　地域を活性化するニュービジネス企画

⑦　その他

4．リスクマネジメント

①　AIの悪用は、兵器と戦争利用・サイバー攻撃・AI監視社会・
世論操作・プライバシー侵害・そして労働権の外のテレワーカーの
増加などが想定されるので、これらへの対策も急がれます。

②　AIの誤作動による被害としては、株価などの予測や自動運転
などにもありそうです。

③　IT・AI弱者の救済は、情報弱者が不利益をこうむることがな
いように対策を用意しておくことも必要でしょう。なるべく一人で

いることを避け、気の合うグループに参加することがよいでしょう。

　以上のようなリスクマネジメントとして、AI利用講習会の開催・AI利用の早期の義務教育化・利用の倫理規定・危機回避策などが想定されます。

5．人の優位を保つには？

　無機質な人は、やがてはAIに隷属<ruby>隷属<rt>れいぞく</rt></ruby>していくでしょうよ。そうならないためには、日頃から文学などに親しむなどして、人間性を豊かに育んでいくことが大切だと思います。

　望まれる人間性とは、愛のレベル・善（禅）の心・教養・理想・創造性・審美眼などを高めていくことでしょうか。AIは、人の弱点をカバーするツールとして利用することでしょうか。

［註］GAFAとは、グーグル・アマゾン・フェイスブック・アップル社の頭文字を並べたもの。

おわりに

　現在、人類は様々な難問に直面していて、ある意味危機的状況にあります。これは正しく江戸後期<ruby>後期<rt>こうき</rt></ruby>の日本に酷似しており、これに地球規模の温暖化被害やひどすぎる格差問題、さらには新型コロナのパンデミック被害が重なっているのです。

　これらに対して、大国は自国ファーストの政策を掲げ、これらの難問の解決をより困難なものにしています。考えますに、これらの解決の方策は、一人ひとりが自由にかつ豊かに「科学力」を身につけ、愛と正義に支えられた「知性」を高めて「高貴化」に励み、新自由主義に決別する未来社会の到来を希求することでしょう。

そのためには、とても有力なツールであるITとAIを活用して
力をつけ、SNSなどで世界的に協同することが重要です。

参考資料

『江戸の科学大図鑑』太田浩司、勝盛典子、酒井シヅ、鈴木一義　河出書房新社（2016年）

『和算入門』佐藤健一　研成社（2000年）

『江戸の科学者』新戸雅章　平凡社（2018年）

『江戸の思想史』田尻祐一郎　中公新書（2011年）

『日本近世思想史序説上・下』岩崎允胤　新日本出版社（1997年）

『日本思想大系59近世町人思想』中村幸彦　岩波書店（1975年）

『富永仲基と懐徳堂』宮川康子　ぺりかん社（1998年）

『大坂の町人学者富永仲基』内藤湖南　大坂文化史（1925年）

『不干斎ハビアンの思想』梶田叡一　創元社（2014年）

『藩校・私塾の思想と教育』沖田行司　日本武道館（2011年）

『難問を解決して幸せに生きるには？』小田鴻介　東銀座出版社（2015年）

『若者たちへ伝えたいお話』小田鴻介　東銀座出版社（2018年）

・ブリタニカ国際大百科事典 QuickSearchVersion

しめくくり

　第1編では、ヨーロッパの偉人たちの偉業を発掘し、第2編では日本の江戸からも多くのことを学びました。

　それは、現在の文明は忽然^{こつぜん}としてあるわけではなく、今日まで営々と培われてきた人類の知性と正義と愛の結実なのです。こうした遺産を相続するわたしたちは賢く、たくましくなり、幸せな思いです。

　これからは、先輩たちの熱い想いを引きつぎ、科学の心と正義と愛でもって高貴化を目指し、これからの困難な課題に立ちむかっていきたいとの思いで、筆を置くことにします。

小田鵠介の本

『難問を解決して幸せに生きるには？』

東銀座出版社（2015年）

A5判　76ページ　926円＋税

工学博士が考える、難問とは、解決方法とは

　若者たちへ緊急提案が満載。原子力発電システムの欠陥、触媒燃焼技術の提案、再生可能エネルギー源、潅漑法の改良案、地球誕生から現人への進化過程の概観、ヒトへの進化過程と二足歩行論、人間性の成長と展開の概観、宗教と科学の補完と確執の歴史、人と世の中を変える法則、若者にとって難問「科学的に生きる」とは、平和で豊かな社会への緊急提案、「棲み分け理論」、お互いに助け合おう、「親父の会」への話題提供、「食べ合わせと食の安全」など、半世紀におよぶ研究のエッセンス。

小田鵠介の本

『若者たちへ伝えたいお話』

東銀座出版社（2018 年）
A 5 判　104 ページページ　926 円＋税

大好評だった前著『難問を解決して幸せに生きるには』に続く第 2 弾

　本書では職業選び、考え方、誰でもできる AI の活用方法など、人生のターニングポイントを迎える人へのヒントが満載です。さらに、政治や社会の問題点を見出し、どのように考えればよいのかを指南してくれます。よりよい社会の一人として成長でき、仕事に就いた時、新しい環境に身を置いた時には非常に役立つことでしょう。

　最大の見どころとして、AI の活用方法を紹介しています。現在、普及が進む AI。工学博士である著者ならでは視点はとても参考になるはずです。今後、どのように AI が活用されているかを予測し、AI をうまく活用できれば、人生を豊かに、幸せにすることが記載されている貴重な一冊。

小田 鵠介（おだ こうすけ）

1943年1月　福岡市博多区吉塚白土邸別宅にて誕生
1962年3月　福岡県立福岡高校卒業
1967年3月　九州大学工業教員養成所卒業（機械工学科）
1967年4月　九州大学生産科学研究所就職（国家公務員上級甲）
1984年3月　生研退職（17年間勤務）。4月1日東亜大学へ転職（講師）
　　　　　　5月に工学博士
1985年4月〜88年3月　九州工業大学（二部）非常勤講師
1986年4月　東亜大学助教授
1988年4月　北九州高専非常勤講師
1989年4月　東亜大学教授昇進
2006年4月　同大学特任教授
2009年4月　同大学客員教授
2011年3月　客員教授退任
2018年3月　北九州高専非常勤講師退任

前著
『難問を解決して幸せに生きるには』東銀座出版社（2015年）
『若者たちへ伝えたいお話』東銀座出版社（2018年）

※カバー絵の伊能忠敬は「千葉県香取市　伊能忠敬記念館所蔵」より

『科学が君を「高貴化」する』

2021年6月4日　第1刷発行 ©

著者　小田鵠介（おだ こうすけ）
発行　東銀座出版社
　　　　〒171-0014　東京都豊島区池袋3-51-5-B101
　　　　TEL：03-6256-8918　FAX：03-6256-8919
　　　　https://www.higasiginza.jp

印刷　モリモト印刷株式会社